Einsterns Schwester

4

Themenheft 1

⭐ Sprachgebrauch und Sprache
untersuchen und reflektieren

Herausgegeben von
Roland Bauer, Jutta Maurach

Erarbeitet von
Annette Schumpp, Jutta Sorg

In Zusammenarbeit mit
der Redaktion Grundschule Deutsch 2–4

Cornelsen

Inhaltsverzeichnis

Ich bin Lola und helfe dir mit Profitipps.

So kannst du mit den Heften arbeiten

Du machst alle
Seiten der Lernportion 1.

Zuerst im
grünen Heft.

Dann im
roten Heft.

Dann im
gelben Heft.

Und dann im
blauen Heft.

Danach machst du in
allen Heften die Lernportion 2.

Nun machst du in
allen Heften die Lernportion 3.

In diesem Heft
kannst du den
Grundwortschatz
vertiefend üben.

Genauso bearbeitest du
alle anderen Lernportionen.

> Nomen sind Wörter für Lebewesen und Dinge.
> Außerdem gibt es **abstrakte Nomen**. Das sind z. B. Nomen für
> Gefühle (der Schreck), Vorgänge (die Fahrt) und Zustände (der Frieden).

① Erstellt eine Tabelle.
Ordnet die Nomen richtig in die Spalten ein.

Lebewesen	Dinge	abstrakte Nomen

der Mut · die Ferien · die Möwe · der Tag · das Pferd · das Schiff · die Köchin · der Zug · das Haus · der Mond · das Schloss · Quatle · der Clown · der Nachmittag · die Eltern · der Sturm · die Reise · das Flugzeug · das Abenteuer · der Würfel · der Wunsch · der Schreck · der Schmetterling

② Sammelt weitere Nomen und ergänzt eure Tabelle aus ①.

Lernportion 1: Nomen

Plenum: sich über das Vorgehen und die Ergebnisse austauschen

① Findet in Emils Tagebucheintrag und auf dem Bild möglichst viele Nomen. Entscheidet, welche Wörter zu Lebewesen, Dingen oder abstrakten Nomen gehören.

Dienstag

Heute war mein erster Tag im Feriencamp. Wir haben unser Gepäck ausgepackt und unsere Zelte eingerichtet. Zum Glück habe ich gleich einige Freunde und Freundinnen gefunden. Bei einem Spaziergang haben wir den Wald erkundet.

Mittwoch

Am Vormittag waren alle Kinder mit den Paddelbooten unterwegs. Ich habe in voller Fahrt einen Felsen gerammt. Das war ein Schreck!

Am Abend haben wir am Lagerfeuer Stockbrot gemacht. Da hat es angefangen zu regnen, aber wir hatten trotzdem alle gute Laune.

Donnerstag

Heute war es die ganze Zeit sonnig. Wir durften im Bach baden gehen. Wir hatten auch einen Ball und etwas zu essen dabei. Später spielten wir noch alle zusammen Fußball.

Wir hatten so viel Spaß und ich hätte Lust, eine ganze Woche hierzubleiben. Aber morgen fahren wir mit dem Bus wieder zurück.

② Ordne mindestens 20 Nomen aus ① mit Artikel in eine Tabelle ein.

Heft 1, S. 6 ②

Lebewesen	Dinge	abstrakte Nomen
der Freund	das Gepäck	der Dienstag
...	...	...

(1) Findet heraus, welche Sprachen in eurer Klasse gesprochen werden.

(2) Schreibt Nomen in verschiedenen Sprachen auf Plakate.
Findet Gemeinsamkeiten und Unterschiede der verschiedenen Sprachen.

das Fahrrad
the bicycle
le vélo
bisiklet

der Ball
the ball
le ballon
top

das Zelt
the tent
la tente
çadır

das Kind
the child
l'enfant
çocuk

  (3)

the dog / der Hund / top / der Ball

> Wörter mit den Wortbausteinen **ung**, **heit**, **keit** und **nis** sind Nomen.
> Ich schreibe sie groß. Sie lassen sich aus Verben und Adjektiven bilden:
> wandern – die Wander**ung**, dunkel – die Dunkel**heit**,
> fröhlich – die Fröhlich**keit**, erleben – das Erleb**nis**.

① Finde in den Sprechblasen die Nomen
mit den Wortbausteinen.
Schreibe sie mit dem passenden Verb
oder Adjektiv auf.

Heft 1, S. 8 ①
die Entdeckung – entdecken,
...

Hoffentlich geraten wir nicht in die Dunkelheit.

Vielleicht machen wir unterwegs eine spannende Entdeckung.

Wandern ist auch gut für die Gesundheit.

Ich kenne die Gegend aus Erzählungen.

Die letzte Wanderung war ein tolles Erlebnis.

Ich freue mich auf die Wanderung.

Hier gibt es eine Höhle mit einem Geheimnis.

Wir erforschen die Umgebung.

1 Bilde Nomen mit den Wortbausteinen.

heit **keit** **nis** **ung**

a) Bilde Nomen mit den Adjektiven
auf den Wortkarten.
Schreibe sie mit ihrem Artikel auf.
Unterstreiche die Wortbausteine
mit der passenden Farbe.

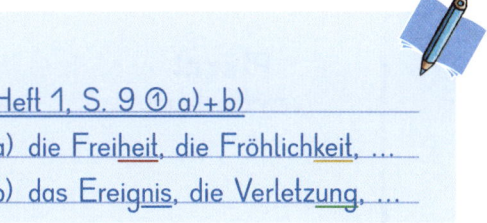

Heft 1, S. 9 ① a) + b)
a) die Freiheit, die Fröhlichkeit, …
b) das Ereignis, die Verletzung, …

| frei | fröhlich | gesund | finster | krank |

| wild | geheim | schwierig | klug | flüssig |

b) Bilde Nomen mit den Verben auf den Wortkarten.
Schreibe sie mit ihrem Artikel auf.
Unterstreiche die Wortbausteine mit der passenden Farbe.

| ereignen | verletzen | sammeln | hoffen |

| rechnen | erleben | zeichnen | erlauben |

| herstellen | retten | verschmutzen |

2 Untersucht die Nomen aus ①.
Besprecht:

– Mit welchen Wortbausteinen habt ihr Nomen aus Adjektiven gebildet?
– Mit welchen Wortbausteinen habt ihr Nomen aus Verben gebildet?
– Welche Artikel haben die Nomen?

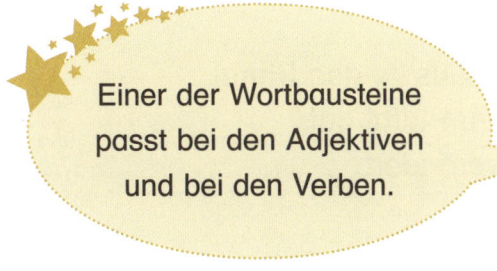

Einer der Wortbausteine
passt bei den Adjektiven
und bei den Verben.

Lernportion 1: Nomen

Plenum: besprechen, wie aus Verben und Adjektiven mit Hilfe von Wortbausteinen Nomen werden, weitere Beispiele sammeln

9

> Manche Nomen gibt es nur im Singular (Einzahl): das Obst, der Schnee.
> Andere Nomen gibt es nur im Plural (Mehrzahl): die Großeltern, die Leute.

①

Plural verändert	Plural unverändert	nur Singular	nur Plural

Laub, Pflaster, Fleck, Schloss, Fußgänger, Biber, Teddy, Milch, Eltern, Zirkel, Hitze, Bus, Ferien, Ferkel, Leute, Obst, Wärme, Zwerg, Lärm, Großeltern

Ich suche die Nomen, die sich im Plural verändern.

Ich suche die Nomen, die sich im Plural nicht verändern.

Ich suche die Nomen, die es nur im Singular gibt.

Ich suche die Nomen, die es nur im Plural gibt.

② Schreibe die Nomen aus ① geordnet auf, die es nur im Singular oder nur im Plural gibt.

③ Bilde zu allen weiteren Nomen aus ① den Plural. Schreibe sie im Singular und im Plural auf. Markiere, was sich im Plural verändert.

Heft 1, S. 10 ②+③
Nur im Singular:
die Wärme, …
Nur im Plural:
die Ferien, …
Weitere Nomen:
der Fleck – die Flecken, …

Das Nomen kann im Satz **in vier Fällen** stehen:
1. Nominativ (Wer-Fall):   Der Wind treibt Windräder an.
2. Genitiv (Wessen-Fall):   Windanlagen nutzen die Kraft des Windes.
3. Dativ (Wem-Fall):   Zugvögel folgen dem Wind.
4. Akkusativ (Wen-Fall):   Manche Radfahrer mögen den Wind nicht.
Das Nomen und sein Artikel können sich verändern.

① Lest die kleinen Texte.
Ersetzt die Bilder durch Nomen im passenden Fall.

der Sonne ✦ die Sonne ✦ die Sonne ✦ der Sonne

☀ schenkt Wärme und Licht.

Die Kraft ☀ ist riesig.

Man sollte seine Haut nicht zu lange ☀ aussetzen.

Acht Planeten umkreisen ☀.

dem Regen ✦ des Regens ✦ den Regen ✦ der Regen

🌧 läuft am Fenster herab.

Zu Beginn 🌧 spannen viele Leute Regenschirme auf.

An eine Radtour ist bei 🌧 nicht zu denken.

Die Bäume brauchen 🌧.

dem Gewitter ✦ das Gewitter ✦ des Gewitters ✦ das Gewitter

⛈ ließ den Strom ausfallen.

Die Sekunden zwischen Blitz und Donner verraten die Entfernung ⛈.

Forscherinnen und Forscher schenken ⛈ viel Interesse.

Manche Menschen fürchten ⛈.

② Suche dir einen Text aus ① aus.
Schreibe ihn vollständig in dein Heft.
Bestimme die Fälle der eingesetzten Nomen und
unterstreiche sie mit ihrem Artikel in der passenden Farbe.

Heft 1, S. 11 ②

Mit den Fragen **Wer** oder **Was? Wessen? Wem? Wen** oder **Was?**
kannst du den Fall eines Nomens bestimmen.

① Lest die Sätze und die Fragen.
Beantwortet die Fragen.

> Der Schnee versteckt die Landschaft unter einer weißen Decke.
>
> Das Gewicht des Schnees kann Äste brechen lassen.
>
> Beim Wintereinbruch fühlen sich viele Autofahrer dem Schnee ausgeliefert.
>
> Kinder lieben den Schnee.

Wer oder was versteckt die Landschaft unter einer weißen Decke?

Wessen Gewicht kann Äste brechen lassen?

Wem oder was fühlen sich viele Autofahrer ausgeliefert?

Wen oder was lieben Kinder?

② Schreibe Fragesätze zu
den unterstrichenen Nomen.
Bestimme den Fall.
Unterstreiche das Fragewort
in der passenden Farbe.

Heft 1, S. 12 ②
Wer oder was pflegt und beaufsichtigt das Freibad?
= Nominativ
...

> Den ganzen Sommer über pflegt und beaufsichtigt die Bademeisterin das Freibad.
>
> Die Verantwortung der Bademeisterin ist sehr hoch.
>
> Auch im Schwimmunterricht vertrauen die Kinder der Bademeisterin.
>
> In einem Notfall rufen die Badegäste die Bademeisterin.

③ Bildet kurze Sätze zu den vier Fällen
des Wortes Regenbogen.

Lernportion 1: Nomen

AH 5

 ① Lest den Text und setzt die Nomen mit Artikel
im passenden Fall ein.

Rani und Emil stellen _____ ein Buch über das Wetter vor.
<small>die Klasse</small>

Zusammen haben sie _____ vorbereitet.
<small>das Plakat</small>

Zuerst begrüßen sie _____. Sie sprechen über
<small>die Klasse</small>

den Inhalt _____ und erklären _____ auf dem Plakat.
<small>das Buch</small>   <small>der Text</small>

Zum Schluss lesen sie _____ vor, der ihnen
<small>der Abschnitt</small>

am besten gefällt. Alle Kinder _____ loben _____.
<small>die Klasse</small>   <small>der Vortrag</small>

② Schreibe den Text vollständig ab.
Bestimme den Fall der eingesetzten Nomen
und unterstreiche sie mit ihrem Artikel
in der passenden Farbe.

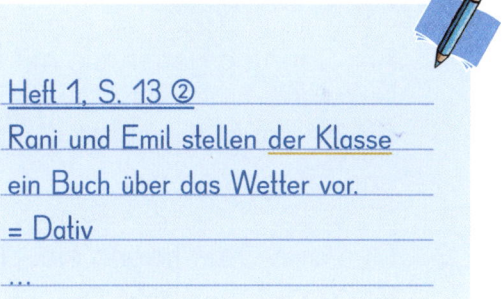

Heft 1, S. 13 ②
Rani und Emil stellen der Klasse
ein Buch über das Wetter vor.
= Dativ
...

 ③ Erstellt ein Quartettspiel zu den vier Fällen
des Nomens. Verwendet Nomen eurer Wahl.

der Baum 1. Fall Nominativ **der Baum (1. Nominativ)** des Baumes (2. Genitiv) dem Baum (3. Dativ) den Baum (4. Akkusativ)	**des Baumes** 2. Fall Genitiv der Baum (1. Nominativ) **des Baumes (2. Genitiv)** dem Baum (3. Dativ) den Baum (4. Akkusativ)
dem Baum 3. Fall Dativ der Baum (1. Nominativ) des Baumes (2. Genitiv) **dem Baum (3. Dativ)** den Baum (4. Akkusativ)	**den Baum** 4. Fall Akkusativ der Baum (1. Nominativ) des Baumes (2. Genitiv) dem Baum (3. Dativ) **den Baum (4. Akkusativ)**

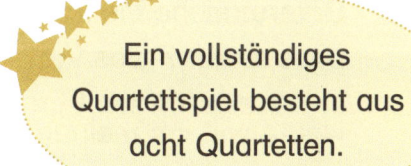

Ein vollständiges
Quartettspiel besteht aus
acht Quartetten.

> Du kennst schon die Pronomen **ich**, **du**, **er**, **sie**, **es**, **wir**, **ihr**, **sie**.
> Diese Pronomen können wie Nomen in verschiedenen Fällen stehen:
> **mir**, **mich**, **dir**, **dich**, **ihm**, **ihn**, **ihr**, **uns**, **euch**, **ihnen**.
> Hanna freut sich: „<u>Ich</u> gehe zum Drachenfest. Oma und Opa begleiten <u>mich</u>.
> <u>Sie</u> haben <u>mir</u> einen Drachen geschenkt."

 ① Bildet Fragesätze zu den unterstrichenen Pronomen.

Es gibt fünf Pronomen im Nominativ, drei im Dativ und drei im Akkusativ.

Oma und Opa basteln für Hanna einen Drachen.
<u>Er</u> ist sehr bunt. <u>Sie</u> schenken <u>ihn</u> <u>ihr</u>.

Am Sonntag gehen <u>sie</u> mit <u>ihr</u> zum Drachenfest.

<u>Sie</u> bestaunt die bunten Drachen am Himmel
und fotografiert <u>sie</u>.

Opa und Oma fragen <u>sie</u>: „Hast <u>du</u> Lust, nächstes Jahr
wieder mit <u>uns</u> zum Drachenfest zu gehen?"

② Schreibe die Sätze mit den richtigen Pronomen auf. Unterstreiche die Pronomen in der passenden Farbe.

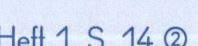

Heft 1, S. 14 ②
Heute will ich meinen Drachen
steigen lassen. <u>Er</u> ist sehr bunt
und ...

Heute will ich meinen Drachen steigen lassen.

▨ ist sehr bunt und ich finde ▨ toll.

Bei den Schleifen hat ▨ meine Freundin geholfen.

▨ kann richtig gut basteln. Zusammen hatten ▨ einen schönen

Bastelnachmittag. Mein Vater hatte für ▨ Kekse gebacken und

▨ hatten ▨ bis auf den letzten Krümel aufgegessen.

▨ rief erfreut: „Toll, dass ▨ ▨ so gut geschmeckt haben."

Heute bläst der Wind kräftig und ▨ weht den Drachen hoch in die Wolken.

> **Mein**, **dein**, **sein**, **ihr**, **unser**, **euer** sind **Possessivpronomen**.
> Sie zeigen, wem oder zu wem etwas gehört.
> Man nennt sie auch **Artikelwörter**, weil sie **anstelle eines Artikels**
> beim Nomen stehen können.
> Der Drachen gehört mir. Es ist <u>mein</u> Drachen.

1 Spielt die Szene auf dem Bild nach.
   Betont beim Sprechen
   die Possessivpronomen.

Welcher ist
dein Drachen?

Mein Drachen
ist der gestreifte
mit den bunten
Schleifen.

Warum
weint dein kleiner
Bruder?

Seine
Drachenschnur
ist gerissen und sein
Drachen fliegt
davon.

Morgen
kommen wir mit
unseren Drachen
wieder her.

Ich finde es so
toll, wie eure Drachen
im Wind tanzen.

2 Schreibe die Gespräche aus ① auf.
   Unterstreiche die Possessivpronomen.

Heft 1, S. 15 ②+③
Koki: „Welcher ist <u>dein</u> Drachen?"
...

3 Erfindet weitere Gespräche wie in ①.
   Spielt sie oder schreibt sie auf.

> Nomen sind oft Teil einer Gruppe, der **Nominalgruppe**.
> Am Anfang der Nominalgruppe steht immer das Artikelwort.
> Am Ende der Nominalgruppe steht immer das Nomen. Es ist der Kern
> der Gruppe und wird großgeschrieben: <u>der</u> <u>Vogel</u>, <u>eine</u> <u>Blume</u>, <u>mein</u> <u>Fahrrad</u>.
> Zwischen Artikelwort und Nomen können Adjektive eingefügt werden:
> <u>der</u> <u>kleine</u> <u>Vogel</u>,   <u>eine</u> <u>schöne</u> <u>Blume</u>,   <u>mein</u> <u>neues</u>, <u>rotes</u> <u>Fahrrad</u>.

① Bilde drei Nominalgruppen und schreibe sie auf.
Unterstreiche Artikelwörter gelb, Adjektive grün, Nomen blau.

Heft 1, S. 16 ①

| mein | ein | unser |

| letzter | spannender | interessanter |

| Ausflug | Vorschlag | Bericht |

② Vergleicht eure Ergebnisse aus ①.

③ Lest die Treppengedichte. Findet die Nomen, die Artikelwörter und die Adjektive.

unser Bild
unser schönes Bild
unser altes, schönes Bild
unser buntes, altes, schönes Bild

der Rucksack
der blaue Rucksack
der schwere, blaue Rucksack
der große, schwere, blaue Rucksack

④ Schreibe eines der Gedichte aus ③ ab.
Verlängere es um eine oder mehrere Zeilen.
Unterstreiche Artikelwörter gelb, Adjektive grün, Nomen blau.

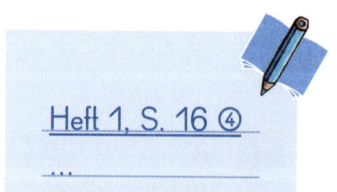

Heft 1, S. 16 ④

⑤ Überlege dir eine Nominalgruppe.
Schreibe dazu ein eigenes Treppengedicht.

Heft 1, S. 16 ⑤

Lernportion 1: Nomen

Plenum: sich gegenseitig Treppengedichte vortragen

D 4, 5

Verben gibt es im **Infinitiv** (Grundform) und in den **Personalformen**.
Die **Personalformen** haben bestimmte **Bezeichnungen**.

Grundform: fahr**en**

1. Person Singular:	ich fahr**e**	
2. Person Singular:	du fähr**st**	
3. Person Singular:	er/sie/es fähr**t**	Personalformen
1. Person Plural:	wir fahr**en**	
2. Person Plural:	ihr fahr**t**	
3. Person Plural:	sie fahr**en**	

① Schreibe die elf Verben aus dem Text
in der Personalform und im Infinitiv auf.
Markiere wie im Beispiel.

Wettbewerb auf Rädern

Ihr plant einen Wettbewerb mit Fahrrädern.
Alle erfinden Turnierstationen, zum Beispiel Slalom oder Zielwurf.
Für den Slalom malen alle Kinder die Startlinie und die Ziellinie.
Ein Kind verteilt an dich und alle anderen eine Startnummer.
Wenn du die ganze Slalomstrecke schaffst, bekommst du
zwei Punkte. Wenn du am schnellsten von allen fährst, erhältst
du einen Zusatzpunkt. Wir zählen gemeinsam die Punkte.
Ich rase direkt nach Lisa los und erreiche die beste Zeit.

Heft 1, S. 17 ①
ihr plant – planen,
sie erfinden – …

② Lege für drei Verben aus dem Text aus ①
eine Tabelle an.
Ergänze die fehlenden Personalformen.
Markiere wie im Beispiel.

Heft 1, S. 17 ②

Infinitiv	planen
1. Person Singular	ich plan**e**
2. Person Singular	…
3. Person Singular	…
1. Person Plural	…
2. Person Plural	…
3. Person Plural	…

Verben stehen im **Imperativ** (Aufforderungsform), wenn ich eine oder mehrere Personen auffordere, etwas zu tun. Das **Verb** steht dabei immer **am Satzanfang** und **am Satzende** steht ein **Ausrufezeichen**:
Bremse rechtzeitig**!** **Bremst** rechtzeitig**!**
Hilf den Fahranfängern**!** **Helft** den Fahranfängern**!**

① Schreibe fünf Sätze auf, die du einem Kind zurufen könntest. Unterstreiche die Imperative und markiere die Ausrufezeichen.

Heft 1, S. 18 ①
Bremse rechtzeitig!
...

| rechtzeitig bremsen | an der Haltelinie stoppen |

| die Füße auf den Pedalen lassen | nach vorne schauen |

| auf den Gegenverkehr achten | mit Licht fahren |

| den Abstand zum nächsten Fahrrad einhalten |

| das Gepäck sichern | die Vorfahrt beachten |

| den Fußgängern Vorrang gewähren |

Bremse rechtzeitig!

② Schreibe fünf Sätze auf, die du der ganzen Klasse zurufen könntest. Unterstreiche die Imperative und markiere die Ausrufezeichen.

Heft 1, S. 18 ②
Schaut nach vorne!
...

③

1 Schreibe zu jedem Bild
die passende Baderegel
als Aufforderungssatz auf.

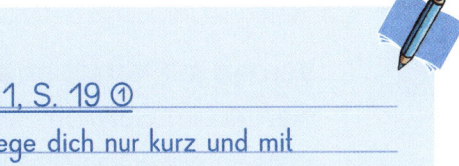

Heft 1, S. 19 ①
A: Lege dich nur kurz und mit
Sonnenschutz in die Sonne!
...

nur in ausreichend tiefes Wasser springen

nicht bei Gewitter ins Wasser gehen

das Wasser und seine Umgebung sauber halten

sich nur kurz und mit Sonnenschutz in die Sonne legen

nicht in der Nähe von Schiffen und Booten baden

nicht zu weit vom Ufer entfernen

Beachtet die Baderegeln!

2 Schreibe Aufforderungssätze auf,
die du zum Beispiel zu Hause oft hörst
oder selbst sagst.

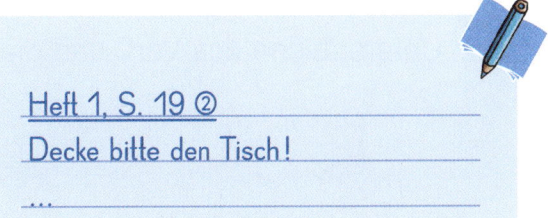

Heft 1, S. 19 ②
Decke bitte den Tisch!
...

Lernportion 2: Verben

> Verben mit Vorsilben wie **an**, **ab**, **auf**, **aus**, **ein**, **vor** und **nach**
> werden im Satz oft getrennt: Lea **setzt** einen Helm **auf**.
> Verben mit Vorsilben wie **be**, **ver** und **zer** werden nie getrennt:
> Malik **verteilt** die Arbeitsblätter.

① Lest die Liste und ergänzt die passenden Vorsilben.

| an | vor | aus | ein | auf | nach | ver |

Vorbereitungen für einen Hindernislauf

– eine Slalombahn ▢legen → Koki

– mit Kreide eine Ziellinie ▢zeichnen → Bente

– lange Seile ▢legen → Rani

– eine Wippe ▢bauen → Emil

– die Zielfahne ▢malen → Milan

– viele Hütchen ▢stellen → Tim und Lisa

– Einladungen ▢schicken → Malik

– Freunde ▢laden → Lea

– verschiedene Preise ▢bereiten → Hanna

Vorsilben verändern
die Bedeutung von Verben:
aufbauen,
einbauen,
nachbauen.

② Schreibe auf, was die Kinder in ① tun.
Unterstreiche das Verb und die Vorsilbe.

Heft 1, S. 20 ②
Koki legt eine Slalombahn an.

Lernportion 2: Verben

Plenum: zu Verben jeweils passende Vorsilben finden und sich über entsprechende Veränderungen hinsichtlich
ihrer Bedeutung austauschen

D 6

1 Immer zwei Verbformen gehören zusammen. Schreibe sie auf. Ergänze den Infinitiv.

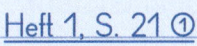

Heft 1, S. 21 ①
wir versuchten – wir versuchen – versuchen
…

wir versuchten	ich kochte
du träumst	wir versuchen
sie bremsen	ihr hüpftet
sie pflegt	er übte
ich koche	ihr hüpft
er übt	du träumtest
sie bremsten	sie pflegte

Verben können in verschiedenen Zeitformen stehen.

2 Schreibe die Verben aus dem Text mit Pronomen auf. Ergänze den Infinitiv.

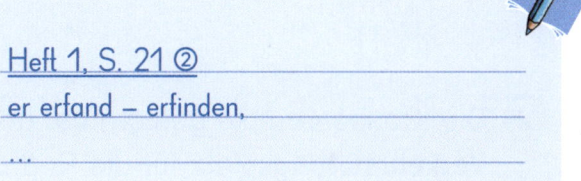

Heft 1, S. 21 ②
er erfand – erfinden,
…

Fahrräder früher

1 Das erste bekannte Zweirad erfand
Karl Freiherr von Drais 1817. Er nannte diese
Erfindung Laufmaschine. Später verwendeten
die Menschen den Begriff Draisine.

5 Herr von Drais baute sie vollständig aus Holz.
Sie hatte keine Pedale und keine Kette.
Der Fahrer stieß sich mit den Füßen vom Boden ab.

Ende des 19. Jahrhunderts folgte das Hochrad.
Es fuhr mit Kurbel und Tretpedal.

10 Das Vorderrad war sehr groß und
das Hinterrad sehr klein.
Viele Hochradfahrer verletzten sich, wenn sie
aus großer Höhe vom Fahrrad fielen.

Lernportion 3: Zeitformen der Verben

Plenum: sich darüber austauschen, dass Verben in verschiedenen Zeitformen stehen können und warum das wichtig ist

(1) Schreibe die Verben aus dem Text mit Pronomen auf.
Ergänze die Vergangenheitsform.

> Heft 1, S. 22 ①
> sie schätzen – sie schätzten,
> ...

Fahrräder

1 Überall schätzen die Menschen das Fahrrad
als umweltfreundlichstes Transportmittel.
Heute gibt es viele verschiedene Fahrräder:
Liegeräder, Mountainbikes, E-Bikes, Rennräder
5 oder Trekkingräder. Jedes Fahrrad dient
einem anderen Zweck.
Viele Kinder lernen das Fahrradfahren heute wieder mit einem kleinen Laufrad,
ähnlich der Laufmaschine von Herrn von Drais.
Radfahrer tragen heute oftmals passende Radbekleidung und einen Fahrradhelm.
10 Außerdem achten sie auf eine gute Beleuchtung am Fahrrad.
An vielen Orten legen die Menschen neue Fahrradschnellwege und
sichere Fahrradkreuzungen an.
Wie kommt ihr mit dem Fahrrad am sichersten zur Schule?

(2) Die Klasse 4a übte gestern auf dem
Verkehrsübungsplatz für die Radfahrprüfung.
Schreibe Sätze zum Bild.
Denke an die Verben in der Vergangenheit.

> Heft 1, S. 22 ②
> Die Klasse 4a übte gestern ...

> **Verben** können im **Präsens** (Gegenwart),
> im **Präteritum** (1. Vergangenheit) oder im **Perfekt** (2. Vergangenheit) stehen:
> ich **erfinde** (Präsens) – ich **erfand** (Präteritum) – ich **habe erfunden** (Perfekt),
> ich **laufe** (Präsens) – ich **lief** (Präteritum) – ich **bin gelaufen** (Perfekt).
> Wenn man schreibt, nutzt man häufig das **Präteritum**.
> Wenn man spricht, nutzt man häufig das **Perfekt**.

① Immer drei Verben gehören zusammen.
Trage sie in eine Tabelle ein.

Heft 1, S. 23 ①

Präsens	Präteritum	Perfekt
er bittet	er bat	er hat gebeten
...	...	...

er bittet   ihr besucht   sie mixen

du fährst   wir ordnen

ich bin   es brennt   sie will

ich war   wir ordneten   er bat   es brannte

ihr besuchtet   sie wollte   du fuhrst   sie mixten

sie hat gewollt   es hat gebrannt   sie haben gemixt   wir haben geordnet

ihr habt besucht   er hat gebeten   ich bin gewesen   du bist gefahren

② Schreibe den Text im Perfekt auf.
Unterstreiche die Verben.

Heft 1, S. 23 ②

Karl Freiherr von Drais hat die Draisine erfunden.

...

Karl Freiherr von Drais erfand die Draisine.
Er überlegte lange und bastelte viel daran.
Er baute ein Gefährt, mit dem er selbst
viele Kilometer lief. Seine erste Fahrt führte
von Mannheim nach Schwetzingen.

Lernportion 3: Zeitformen der Verben

MK-Tipp: mit Hilfe einer Kindersuchmaschine zu Erfindungen rund ums Fahrrad recherchieren und die Ergebnisse präsentieren

23

1 Lies einem anderen Kind vor,
was der Museumspädagoge erzählt.

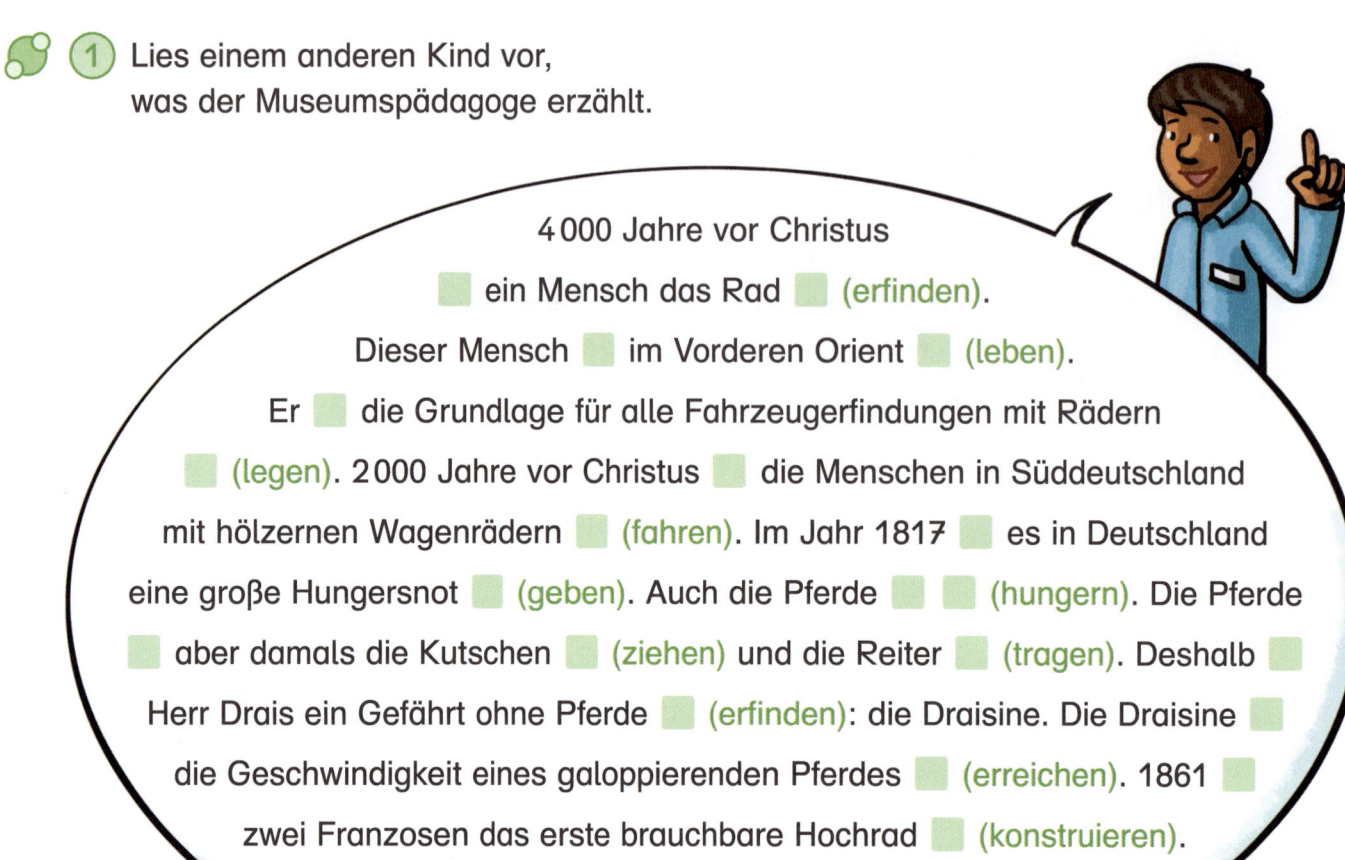

4 000 Jahre vor Christus

█ ein Mensch das Rad █ (erfinden).

Dieser Mensch █ im Vorderen Orient █ (leben).

Er █ die Grundlage für alle Fahrzeugerfindungen mit Rädern

█ (legen). 2 000 Jahre vor Christus █ die Menschen in Süddeutschland

mit hölzernen Wagenrädern █ (fahren). Im Jahr 1817 █ es in Deutschland

eine große Hungersnot █ (geben). Auch die Pferde █ █ (hungern). Die Pferde

█ aber damals die Kutschen █ (ziehen) und die Reiter █ (tragen). Deshalb █

Herr Drais ein Gefährt ohne Pferde █ (erfinden): die Draisine. Die Draisine █

die Geschwindigkeit eines galoppierenden Pferdes █ (erreichen). 1861 █

zwei Franzosen das erste brauchbare Hochrad █ (konstruieren).

1867 █ die ersten Frauen im Damensitz

auf dem Hochrad █ (fahren).

2 Schreibe selbst einen kleinen Museumsführer für Kinder.
Suche dir dazu drei Sätze aus 1 aus.

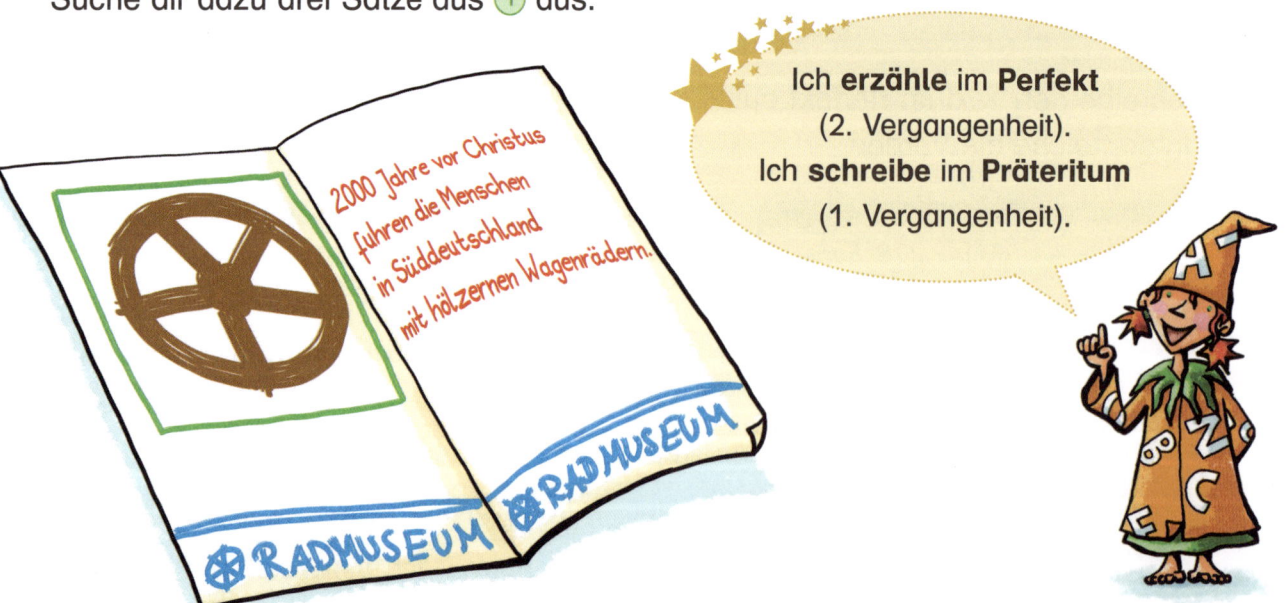

Ich **erzähle** im **Perfekt**
(2. Vergangenheit).
Ich **schreibe** im **Präteritum**
(1. Vergangenheit).

2000 Jahre vor Christus
fuhren die Menschen
in Süddeutschland
mit hölzernen Wagenrädern.

RADMUSEUM

RADMUSEUM

Bei den **unregelmäßigen Verben** verändert sich der Wortstamm:
ich gehe – ich ging – ich bin gegangen.

① Immer drei Verbformen gehören zusammen.
Tragt sie in eine Tabelle ein.

Heft 1, S. 25 ①		
Präsens	Präteritum	Perfekt
er trifft	er traf	er hat getroffen
...	...	...

er trifft   es misst   sie kriecht

er schwamm   sie verspricht

du wusstest   sie kroch   er hat getroffen   du weißt

es hat gemessen   sie versprach   er ist geschwommen

er traf   sie hat versprochen   du hast gewusst

er schwimmt   es maß   sie ist gekrochen

② Wähle acht Verben aus. Suche beide Vergangenheitsformen im Wörterbuch.
Schreibe wie im Beispiel.

Heft 1, S. 25 ②
mögen – sie mochte – sie hat gemocht,
...

mögen

schließen

wiegen

riechen

streiten

streichen

schweigen

kennen

reißen

dürfen

fließen

Lernportion 3: Zeitformen der Verben

AH 19

25

31.10.

– Nachtschattengewächse gießen (Fredo)
– Fahrräder in den Schuppen fahren (alle)
– Kerzen ausblasen (Thea)
– Abendlied singen (Eusebia und Georg)
– Käsebrot essen und Gespenstermilch trinken (alle)
– ins Gespenstertagebuch schreiben (Georg)

GEORG

goss

FREDO

fuhren

aßen

EUSEBIA

schrieb

blies aus

sangen

tranken

THEA

① Schreibe ins Gespenstertagebuch,
was jeder am 31.10. erledigte.
Unterstreiche die Verben im Präteritum.

Heft 1, S. 26 ①
Gespensterabend am 31.10.
Fredo goss die Nachtschattengewächse.
...

② Denkt euch aus, was ein Gespenst
den Gespenstereltern
von seinem Tag erzählt.

Ich habe
die Nachtschattengewächse gegossen.
Wir alle haben …

3 Verben im Futur bilden

Das **Futur** von Verben zeigt an, dass etwas in der **Zukunft** (= **später**) passieren wird:
Lisa wird die Radfahrprüfung bestehen.
Das **Futur** besteht aus **zwei Teilen**.

erfinden:

ich **werde erfinden**	wir **werden erfinden**
du **wirst erfinden**	ihr **werdet erfinden**
er/sie/es **wird erfinden**	sie **werden erfinden**

1. Schreibe auf, was die Kinder machen werden.
Unterstreiche wie im Beispiel.

Heft 1, S. 27 ①
Lisa wird als Tierpflegerin
Tiere versorgen.
Hanna …

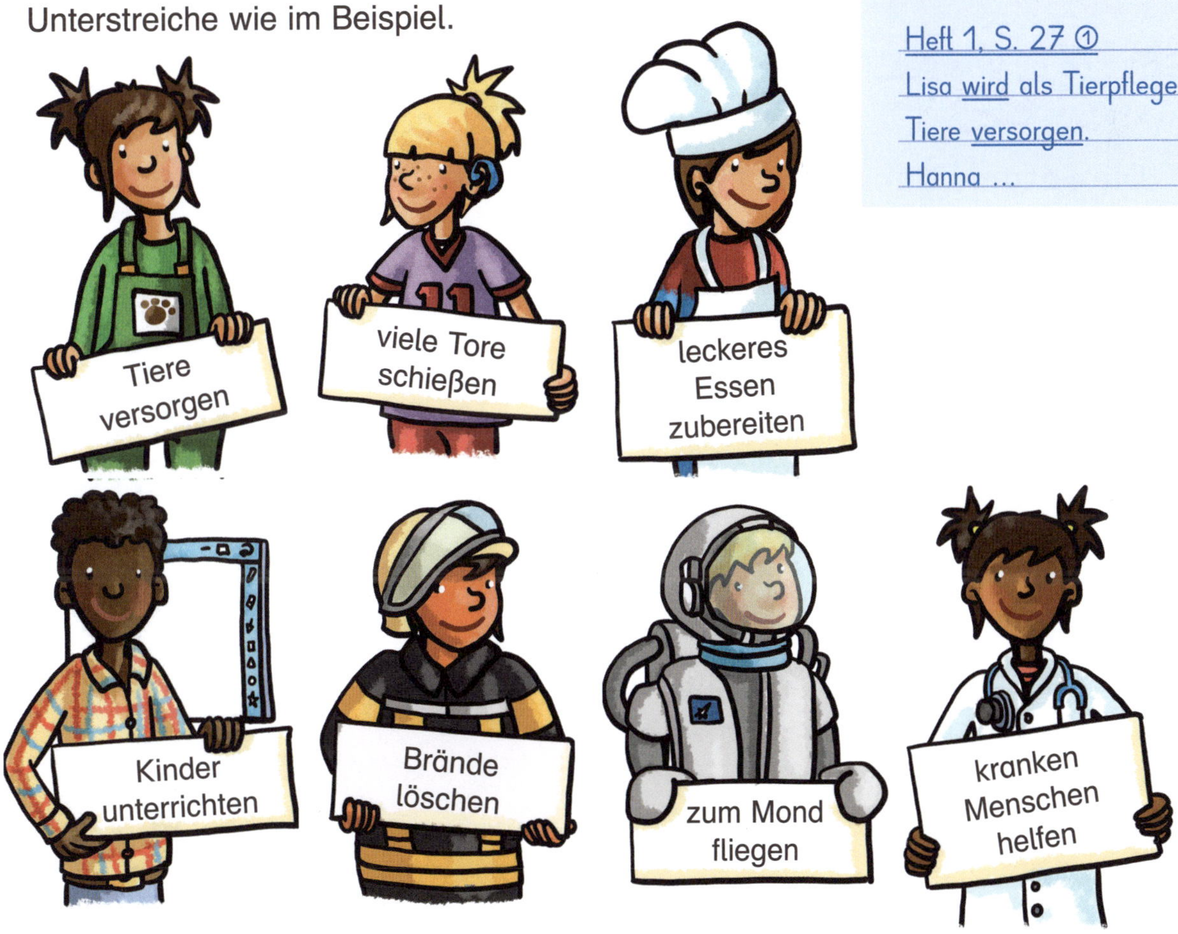
Tiere versorgen
viele Tore schießen
leckeres Essen zubereiten
Kinder unterrichten
Brände löschen
zum Mond fliegen
kranken Menschen helfen

2. Schreibe einige Sätze dazu, was du später machen wirst.

Heft 1, S. 27 ②
Ich werde …

Fatamorgana bedeutet „optische Täuschung".

Jean Tinguely
Fatamorgana,
Méta-Harmonie IV, 1985

1 Schreibe aus Bentes Text die Verben im Futur heraus.

Heft 1, S. 28 ①
wird funktionieren, …

Die Fatamorgana-Maschine

Ich habe mir überlegt, wie diese Maschine
funktionieren wird:
Die Maschine wird viele Seiten aus Papier
transportieren. Jedes Rad wird eine
neue Zeile auf das Papier drucken.
100 Menschen werden so gleichzeitig
an einem Buch schreiben. Die Räder
am Ende werden alle Seiten blitzschnell
zu einem Buch binden. Die Seiten
werden bunt und schön illustriert sein.
Ihr werdet das Buch lesen.

Bente

2 Denke dir eine eigene Maschine aus.
Du kannst sie auch zeichnen.
Schreibe auf, was deine Maschine können wird.
Unterstreiche die Verben im Futur.

Heft 1, S. 28 ②
Meine Maschine wird …

Lernportion 3: Zeitformen der Verben

MK-Tipp: einen Text zu einer erfundenen Maschine am Computer schreiben und gestalten,
Verben im Futur hervorheben

D 7

AH 20

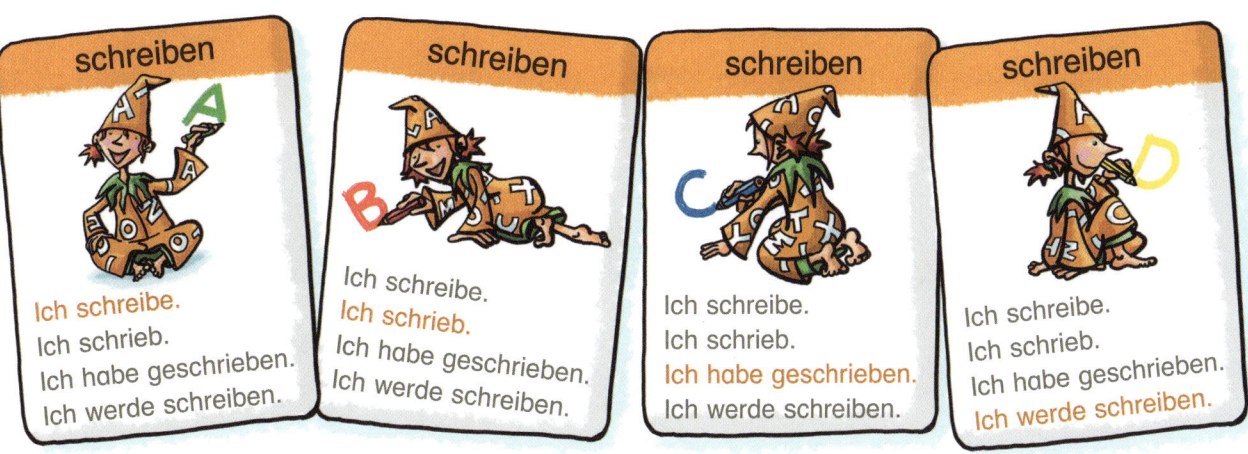

schreiben
Ich schreibe.
Ich schrieb.
Ich habe geschrieben.
Ich werde schreiben.
schreiben
Ich schreibe.
Ich schrieb.
Ich habe geschrieben.
Ich werde schreiben.
schreiben
Ich schreibe.
Ich schrieb.
Ich habe geschrieben.
Ich werde schreiben.
schreiben
Ich schreibe.
Ich schrieb.
Ich habe geschrieben.
Ich werde schreiben.

1. Bastelt ein Quartett. Ihr benötigt acht verschiedene Verben.

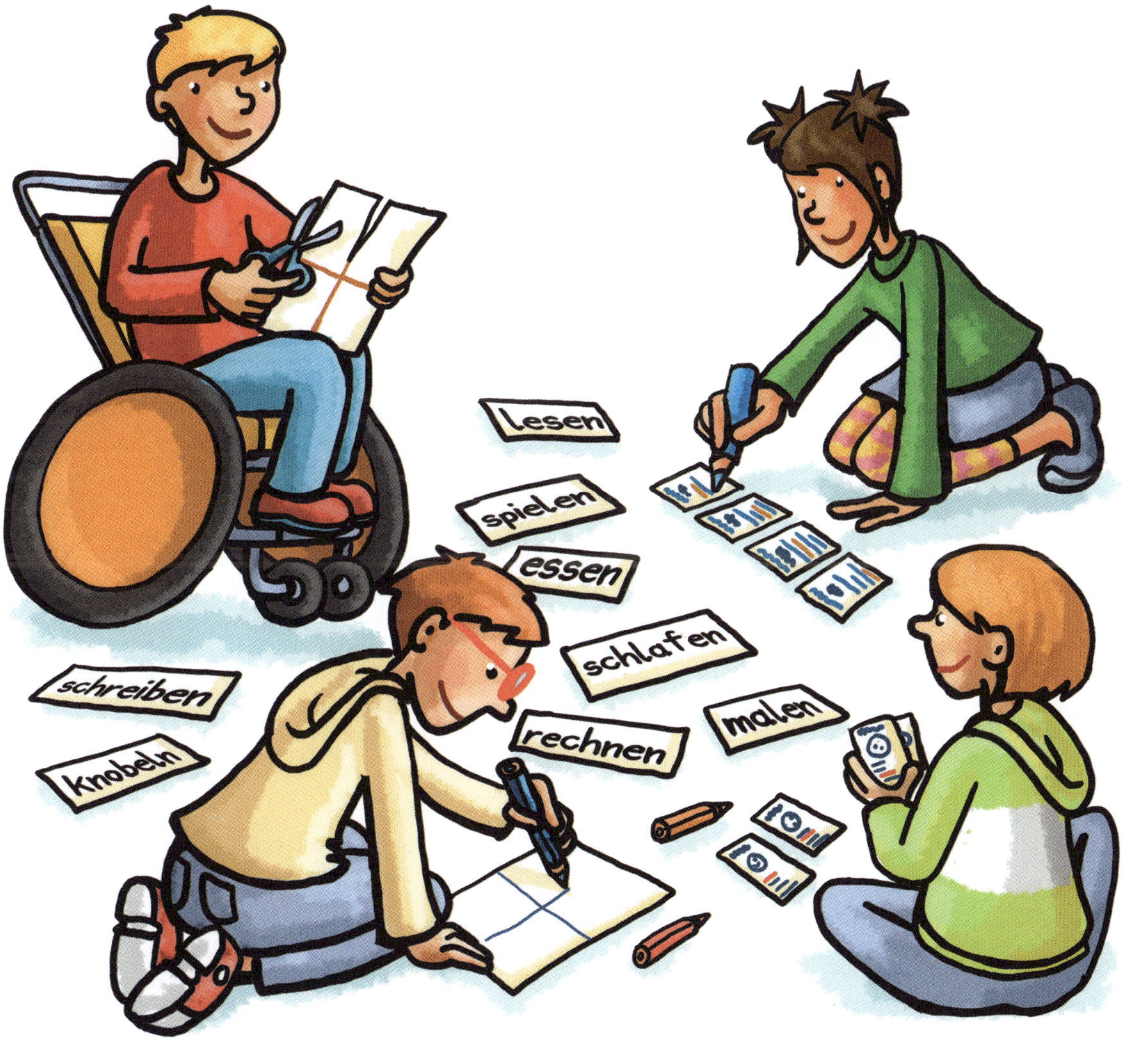
lesen
spielen
essen
schlafen
schreiben
knobeln
rechnen
malen

2. Spielt das Quartett-Spiel.

Lernportion 3: Zeitformen der Verben

MK-Tipp: ein Quartettspiel zu den Zeitformen am Computer erstellen und gestalten

1 Spielt das Spiel nach folgender Spielregel:
Würfelt reihum. Wenn du an der Reihe bist, würfle
und suche das nächste Feld, das zusammen
mit deinem gewürfelten Wortbaustein
ein sinnvolles Adjektiv ergibt.

Beispiel: Du würfelst lich und
rückst auf Tag vor (= täglich).
Das Ziel musst du direkt erreichen.

Aus vielen
Nomen und Verben kannst du
Adjektive mit den Wortbausteinen
bar, **ig**, **isch**, **lich**, **los** oder
sam bilden.

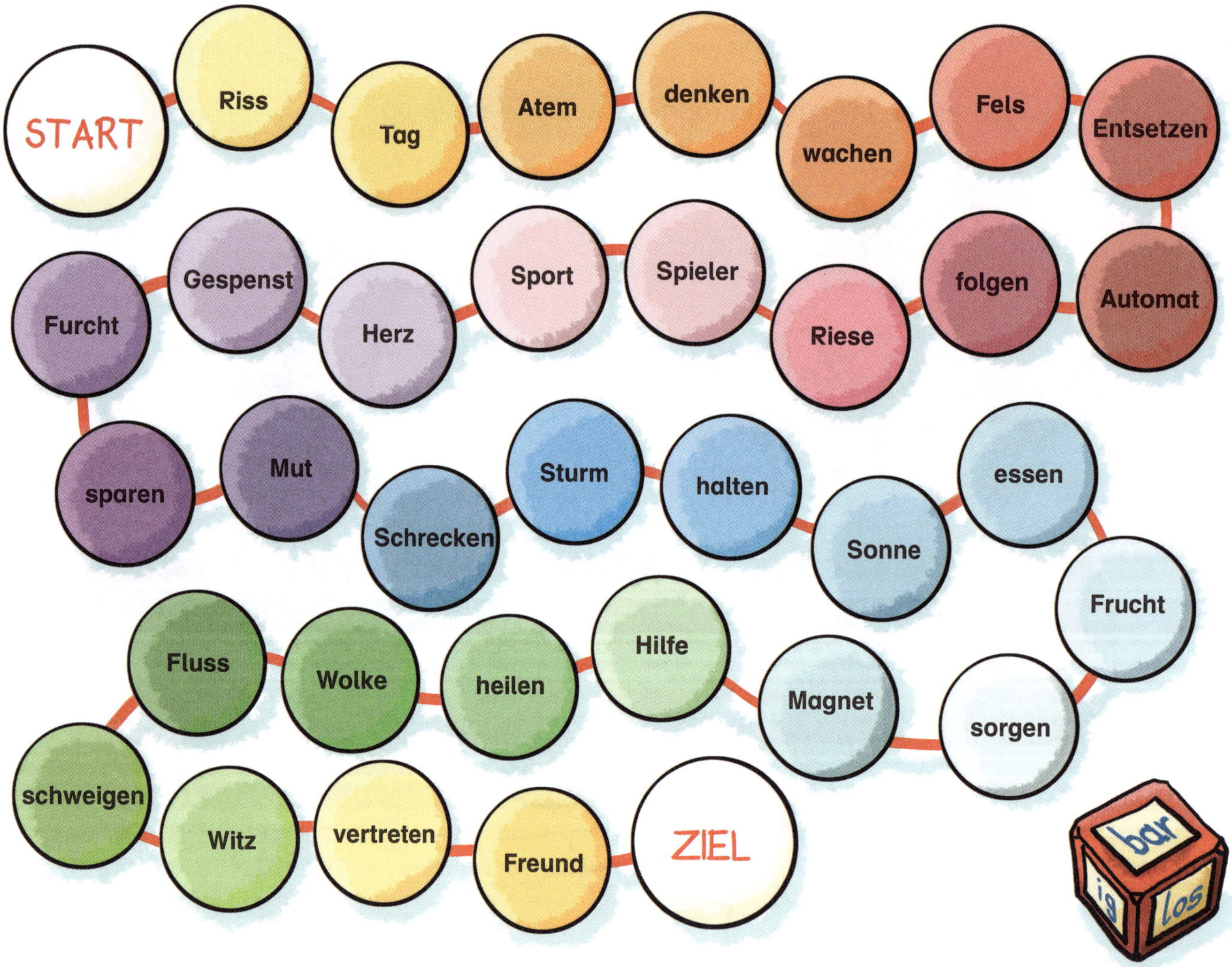

START · Riss · Tag · Atem · denken · wachen · Fels · Entsetzen

Furcht · Gespenst · Herz · Sport · Spieler · Riese · folgen · Automat

sparen · Mut · Schrecken · Sturm · halten · Sonne · essen · Frucht

Fluss · Wolke · heilen · Hilfe · Magnet · sorgen

schweigen · Witz · vertreten · Freund · ZIEL

2 Bilde mit den Wortbausteinen
bar, ig, isch, lich, los, sam Adjektive.
Verwende drei Nomen und drei Verben
aus dem Spielplan. Schreibe sie auf.
Unterstreiche den Wortbaustein.

Heft 1, S. 30 ②
denken – denkbar,
Automat – automatisch,
...

Adjektive können sich verändern und passen sich den Nomen an:
lustig – Ich bin ein lustiges Mädchen.

1 Findet alle Adjektive im Text.
Schreibt den Text ab. Unterstreicht die Adjektive.

Krümel ist ein kleiner, hübscher und lustiger Hauskater.
Bei schönem Wetter unternimmt er weite Streifzüge.
Er hat ein dichtes, weißes Fell und ist sehr kuschelig.
Immer wenn Lisa ihn streichelt, streckt er seine weichen
Pfoten aus. An regnerischen und stürmischen Tagen
verkriechen sich die beiden in Lisas gemütlichem
Zimmer. Sie spielen mit langen Wollfäden oder einem
bunten Wollknäuel und springen auf die dicken Kissen.

Heft 1, S. 31 ①
Krümel ist ein kleiner,
hübscher und ...

2 Schreibt den Text auf. Achtet auf die Endungen
der Adjektive. Unterstreicht die Adjektive.

In [ ] Wäldern leben die [ ] Wildkatzen.
   tief   scheu

Diese [ ] und [ ] Tiere machen einen [ ] Bogen
   selten   geschützt   groß

um Menschen und sind nicht [ ]. Sie sind [ ] Jäger.
   zähmbar   gut

Nachts schleichen sie sich auf [ ] Pfoten an ihre
   leise

[ ] Beutetiere an. Auf ihrem [ ] Speise-
verschieden   abwechslungsreich

plan stehen Mäuse, Vögel, Eidechsen und andere

[ ] Tiere. Ihre Jungen ziehen sie in [ ] Baumhöhlen
klein   versteckt

auf. Wildkatzen sind [ ], sie haben ein [ ] Fell
   kräftig   lang

und einen [ ] Schwanz.
   buschig

Heft 1, S. 31 ②
In tiefen Wäldern leben
die scheuen Wildkatzen.
...

Lernportion 4: Adjektive

> Mit zusammengesetzten Adjektiven kann man ihre
> ursprüngliche Bedeutung noch verstärken: neu – nagelneu.
> Manchmal brauchst du dazu **Fugenbuchstaben**: stark – bärenstark.

① Bildet mit den Tieren zusammengesetzte Adjektive und schreibt sie auf.

Heft 1, S. 32 ①
der Aal + glatt → aalglatt,
...

Ich bin fleißig wie eine Biene. Ich bin bienenfleißig.

der Aal	der Bär	die Biene

der Hund	der Pudel	der Rabe	das Wiesel

flink	fleißig	glatt	müde	nass	schwarz	stark

② Zerlege die folgenden Adjektive in ihre ursprünglichen Wörter.

felsenfest	riesengroß	spiegelglatt

wunderschön	blitzschnell	hauchzart

Heft 1, S. 32 ②
felsenfest →
der Felsen + fest,
...

③ Schreibe eine Mini-Geschichte mit vielen zusammengesetzten Adjektiven.

Heft 1, S. 32 ③
...

Lernportion 4: Adjektive

Plenum: Mini-Geschichten präsentieren, sich gegenseitig wertschätzende Rückmeldungen geben
MK-Tipp: Mini-Geschichten mit zusammengesetzten Adjektiven am Computer schreiben und gestalten

32

Manchmal verändert sich
beim Zusammensetzen das Nomen.
Dann kommt ein Fugenbuchstabe wie **n** oder **s** dazu
oder der letzte Buchstabe des Nomens entfällt:
tannengrün, erdbeerrot.

① Bildet aus den Nomen und den Adjektiven
zusammengesetzte Farbadjektive. Schreibt sie auf.

Heft 1, S. 33 ①
dottergelb, ...

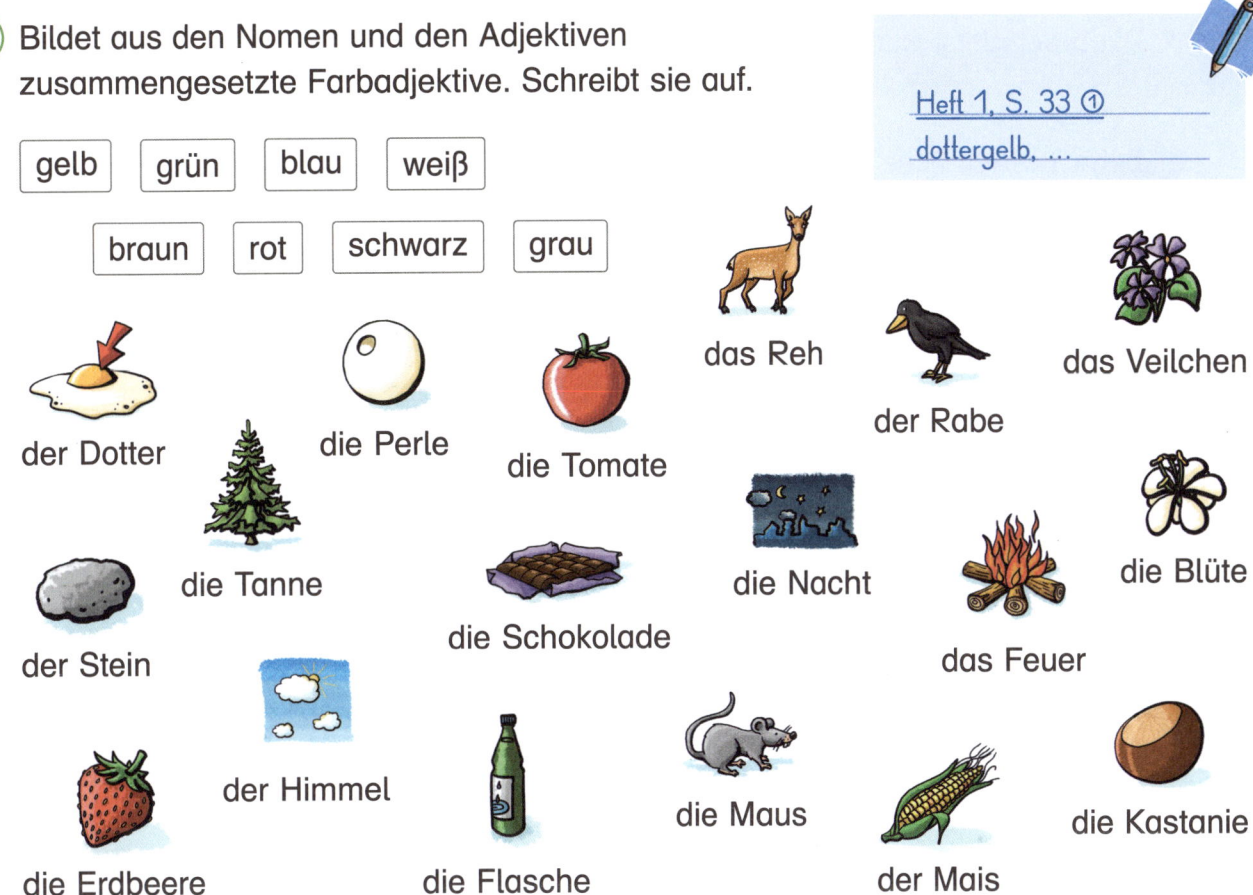

| gelb | grün | blau | weiß |

| braun | rot | schwarz | grau |

der Dotter
die Perle
die Tomate
das Reh
der Rabe
das Veilchen

die Tanne
die Schokolade
die Nacht
das Feuer
die Blüte

der Stein
der Himmel
die Maus
die Kastanie

die Erdbeere
die Flasche
der Mais

② Stellt Farbkärtchen zu den Farben aus ① her.
Beschriftet sie. Findet weitere zusammengesetzte Farbtöne.

Sieht das aus
wie mein himmelblauer
Pullover?

Welche
Farbe habe ich
gemalt?

tannengrün

1 Lest euch die Aussagen abwechselnd vor. Betont beim Lesen so, dass man die Steigerungen ganz deutlich hören kann.

Frau Sommer macht lustige Späße. Sie ist lustiger als unsere Rektorin. Beim Schulfest war sie am lustigsten von allen.

Beim Basteln habe ich viel Spaß. Noch mehr Spaß habe ich beim Sport. Doch am meisten Spaß habe ich beim Spielen mit Imo.

Die Fahrt zu meinen Großeltern ist lang. Zu unseren Freunden ist die Fahrt noch länger. Aber am längsten ist die Fahrt in den Urlaub.

Meine Freundin mag bunte Kleidung. Ihre Kleidung ist bunter als meine. Gerade näht ihr ihre Mutter ein Kleid, das am buntesten sein wird.

In meinem Zimmer finde ich es gemütlich. Noch gemütlicher ist es in meinem Zelt. Am gemütlichsten ist es jedoch in unserem Baumhaus, wenn ich dort mit meinem Bruder übernachte.

Meine Pfannkuchen sind gut, vielleicht sogar besser als Papas Pfannkuchen. Am besten sind die Pfannkuchen meiner Oma.

2 Tragt die Adjektive aus ① mit ihren Vergleichsstufen in eine Tabelle ein.

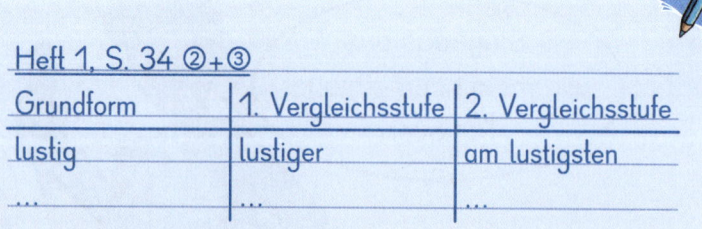

Heft 1, S. 34 ②+③

Grundform	1. Vergleichsstufe	2. Vergleichsstufe
lustig	lustiger	am lustigsten
...	...	...

3 Unterstreicht die beiden Adjektive in ②, deren Vergleichsstufen auf besondere Weise gebildet werden.

4 Überlegt euch eigene Sätze mit Vergleichen wie in ①.

4 Vergleichsstufen von Adjektiven bilden

1 Findet die Adjektive, bei denen sich der Wortstamm in den Vergleichsstufen ändert. Schreibt sie in der Grundform und mit den beiden Vergleichsstufen auf.

nah | wild | fröhlich | jung | gefährlich

witzig | stark | hart | frei | warm

kräftig | glatt | lang | komisch | fair

frech | hoch | fleißig | mutig | groß

Heft 1, S. 35 ①
nah – näher – am nächsten,
…

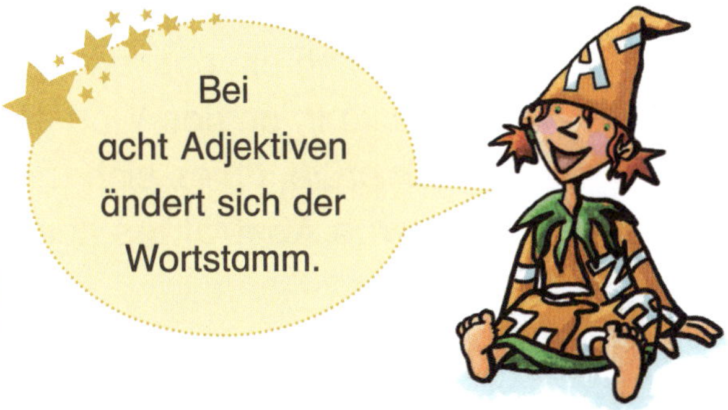
Bei acht Adjektiven ändert sich der Wortstamm.

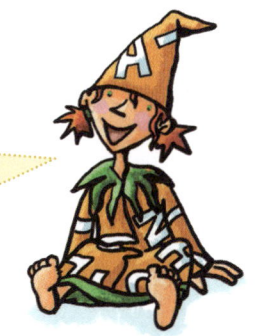

2 Bei einigen Adjektiven aus ① verändert sich der Wortstamm nicht. Bildet von diesen Adjektiven die beiden Vergleichsstufen.
Sprecht sie euch deutlich vor.
Schreibt sie mit der Grundform auf.

Heft 1, S. 35 ②
wild – wilder – am wildesten,
…

3

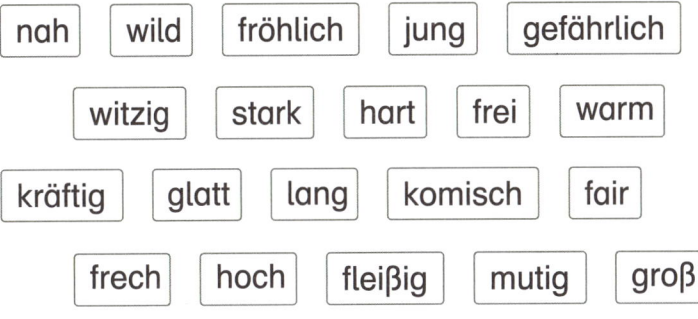

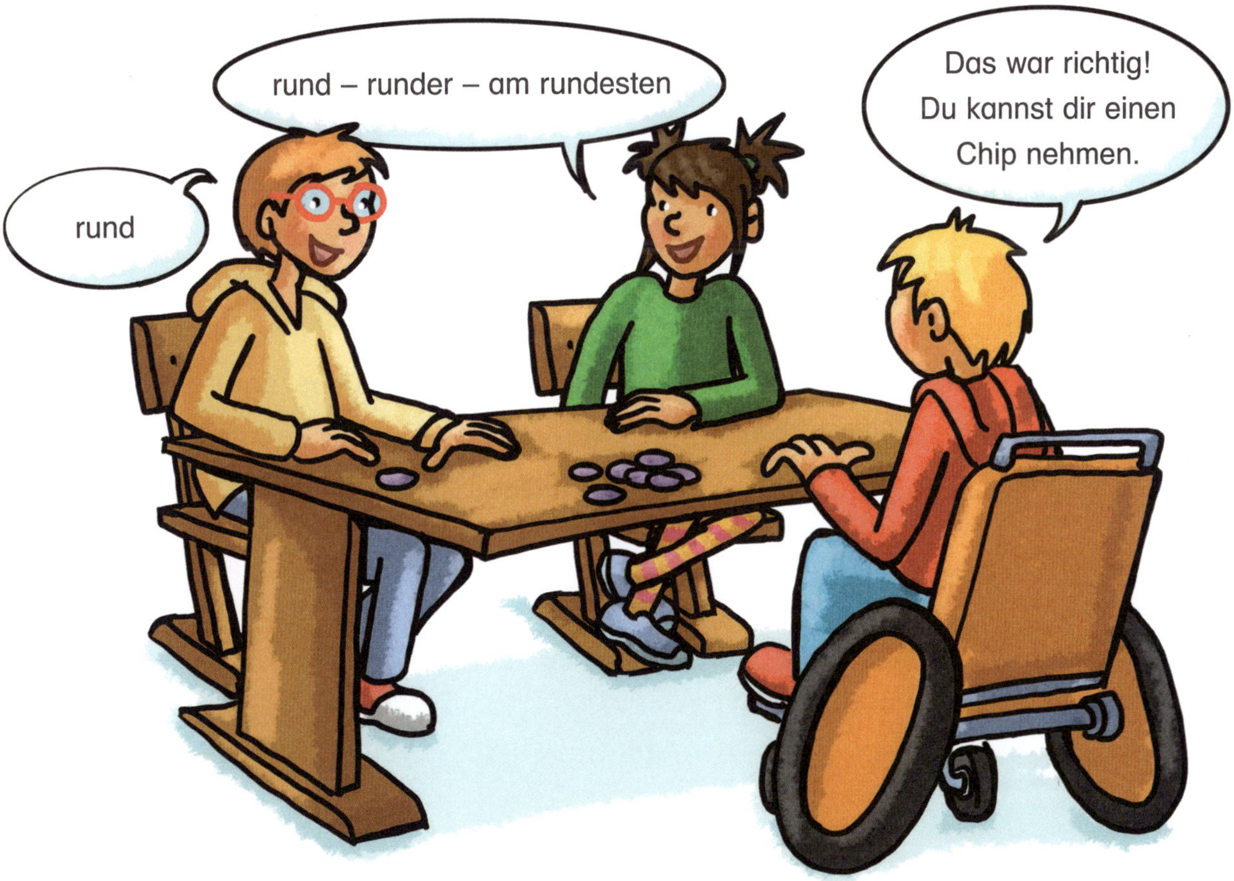
rund
rund – runder – am rundesten
Das war richtig! Du kannst dir einen Chip nehmen.

Mit der **Nomenprobe** überprüfe ich, ob ein Wort ein Nomen ist.
Für ein Nomen müssen mindestens zwei der Proben erfüllt werden.
Diese Proben gibt es:

1. Ich kann einen **Artikel** vor das Wort setzen: der Baum oder ein Baum.
2. Ich kann den **Plural** bilden: die Bäume.
3. Ich kann ein passendes **Adjektiv** vor das Wort setzen: ein kleiner Baum.
4. Ich kann an das Wort chen oder lein hängen: das Bäumchen.
5. Ich prüfe, ob es sich um ein **Wort für ein Lebewesen**, **ein Ding** oder **etwas Abstraktes** handelt: ein Baum = Lebewesen.

---

 ① Findet im Text die Nomen.
Notiert sie im Nominativ mit ihrem Artikel.

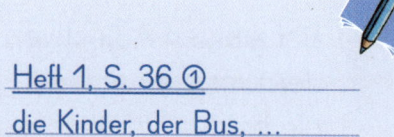

Heft 1, S. 36 ①
die Kinder, der Bus, …

1　Als die kinder aus dem bus stiegen, fühlten sie sich
im ersten moment wie in einer anderen welt.
Das waldschulheim lag mitten im wald. Zusammen mit ihrer lehrerin
und ihrem lehrer atmeten sie die frische luft tief ein. Dabei schlossen sie
5　die augen und hörten den specht und den wind in den bäumen.

Die ganze letzte woche hatte sich die klasse auf den aufenthalt
vorbereitet und gefreut. Nun standen sie endlich vor ihrer
einladenden unterkunft. Sie wurden von der heimleiterin und
dem förster mit wasser, saft und muffins herzlich begrüßt.

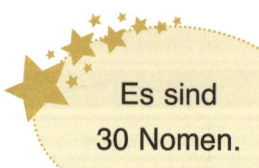

Es sind
30 Nomen.

10　Nach der begrüßung stürmten sie aufgeregt in ihre zimmer, wo schon
bettwäsche und handtücher bereitgestellt waren. Zuerst bezogen sie
ihre betten und packten ihre koffer und rucksäcke aus. Sie fanden alles
wunderbar und sie freuten sich auf das mittagessen.

② Schreibe fünf Nomen aus ① mit
jeweils zwei Nomenproben auf.

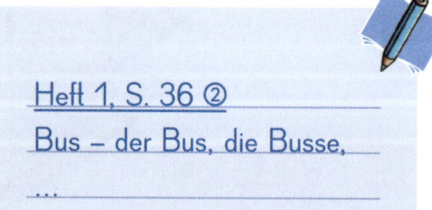

Heft 1, S. 36 ②
Bus – der Bus, die Busse,
…

Lernportion 5: Wortartenbestimmung

Plenum: beispielhaft die Anwendung der Nomenprobe beschreiben

> Mit der **Verbenprobe** finde ich heraus, ob ein Wort ein Verb ist.
> Diese Proben gibt es:
> 1. Ich kann den **Infinitiv** des Wortes bilden: sie zogen – ziehen.
> 2. Ich kann das Wort in verschiedene **Personalformen** setzen:
>   ich ziehe, er zieht …
> 3. Ich kann das Wort in verschiedene **Zeitformen** setzen:
>   ich ziehe, ich zog, ich habe gezogen, ich werde ziehen …

 (1) Findet im Text mit Hilfe der Verbenproben
mindestens 15 verschiedene Verben.

1 Noch zogen Nebelschwaden durch den Wald, als wir zu unserem ersten Projekt
aufbrachen. Der Förster und seine Kollegen erwarteten uns schon, als wir
nach einer halbstündigen Wanderung am Treffpunkt ankamen. Wir staunten
und manche Kinder hüpften vor Aufregung, als sie die Werkzeuge erblickten.

5 Wir sollten einen Baum fällen. Das machte das Waldschulheim möglich. Mit einer Axt und Sägen stapften wir
den Hang hoch zu dem Baum, den die Förster markierten.
Sie erklärten uns die Werkzeuge und unsere Aufgaben.
Gemeinsam bestimmten wir die Fallrichtung des Baumes.
10 Zusammen mit dem Förster schlugen wir mit der Axt
den Fallkerb. Den Rest erledigte der Förster mit der Säge.

Bevor der Baum fiel, riefen alle Förster und Kinder: „Baum fällt!" Mit diesem Ruf
warnen Förster Wanderer, die sich vielleicht gerade in der Gegend aufhalten.
Schließlich fiel er mit lautem Krachen in die richtige Richtung. Alle klatschten
15 und freuten sich. Zum Schluss entfernten wir noch die Äste und die Rinde.

(2) Schreibe zehn Verben aus (1) mit einer Probe auf.

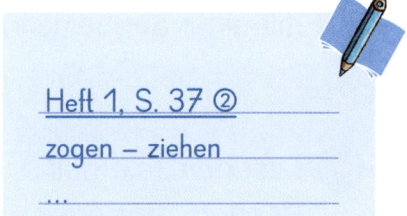

Heft 1, S. 37 ②
zogen – ziehen
…

> Mit der **Adjektivprobe** finde ich heraus, ob ein Wort ein Adjektiv ist.
> Für ein Adjektiv muss eine der Proben erfüllt werden.
> Diese Proben gibt es:
> 1. Ich kann zu dem Wort **Vergleichsstufen bilden**:
>   lang – länger – am längsten.
> 2. Ich kann ein passendes **Nomen hinter das Wort setzen**: der lange Ast.

 ① Findet im folgenden Text mit Hilfe der Adjektivproben
so viele Adjektive wie möglich.

1   Der Kreativtag war ein wunderbarer Tag. Wir konnten zwischen zwei
interessanten Angeboten auswählen und es war keine leichte Entscheidung.

In der Kunstwerkstatt arbeiteten wir mitten
im Wald. Aus Blättern, kurzen Stöcken,
5   Zapfen und allem, was wir fanden, legten wir
wilde Gesichter, geheimnisvolle Fabelwesen
und andere vergängliche Kunstwerke.
Weil wir unsere tollen Werke nicht
mitnehmen konnten, fotografierten wir sie.

10   In der Waldhüttenwerkstatt bauten wir aus
langen Ästen und herumliegenden Tannenzweigen richtige Hütten.
Manche Kinder bauten am Lager weiter, bis sie zufrieden waren.
Andere spielten lustige Waldspiele. Wir durften sogar eine urige Feuerstelle
einrichten. Zum Abschluss kamen alle Gruppen hier zusammen und
15   backten leckeres Stockbrot.

② Schreibe zehn der Adjektive aus ① jeweils
mit einer der beiden Adjektivproben auf.

Heft 1, S. 38 ②
wunderbar – der wunderbare Tag.
...

 ③ Lest den Text aus ① ohne Adjektive.
Überlegt, wie er sich verändert.

① Finde in den Sätzen Nomen, Verben und Adjektive.
Nutze dazu die Proben auf den Seiten 36, 37 und 38.

> Ein großer Baum produziert so viel Sauerstoff wie 26 Menschen zum Atmen brauchen.

Wälder …

… bedecken ein Drittel der Erde.

… müssen geschützt werden.

… sind in hohem Maße vom Klimawandel bedroht.

… sind von gigantischem Nutzen für unsere Welt.

… sind notwendig für ein gesundes Weltklima.

… sind wichtige Wasserspeicher.

… liefern den begehrten Rohstoff Holz.

… binden Schadstoffe, die Autos, Fabriken und Heizungen in die Luft pusten.

… leiden unter den starken und heftigen Stürmen.

… verdorren wegen langer Trockenheit.

… sind unerlässlich für tierisches und menschliches Leben.

… bieten vielen Arten von Pflanzen, Tieren und Pilzen einen wertvollen Lebensraum.

② Tauscht euch darüber aus, welche Proben ihr in ① angewendet habt.

③ Trage fünf Nomen im Singular,
fünf Verben im Infinitiv sowie
fünf Adjektive in der Grundform aus ①
in eine Tabelle ein.

Heft 1, S. 39 ③

Nomen	Verben	Adjektive
…	…	…

Lernportion 5: Wortartenbestimmung

MK-Tipp: mit Hilfe einer Kindersuchmaschine weitere Aussagen über die Bedeutung, den Nutzen und die Bedrohung des Waldes finden

Die Wörter **an**, **auf**, **bei**, **durch**, **hinter**, **in**, **neben**, **über**, **unter**, **vor**, **zu** und **zwischen** sind **Präpositionen**. Sie zeigen, **wo** sich etwas befindet oder **wohin** jemand geht: Bente lehnt **an** dem Baum. Lisa rennt **in** den Wald.
Manche dieser Präpositionen können mit dem Artikel verschmelzen:

an + dem → am   Bente lehnt **am** Baum.
zu + der → zur   Lea läuft **zur** Hütte.
durch + das → durchs   Emil springt **durchs** Gras.

① Sieh dir das Bild an.

② Setze in die Lücken Präpositionen ein, die zum Bild aus ① passen. Schreibe den Text vollständig ab. Unterstreiche die Präpositionen.

Lisa rennt ▢ den Wald.

Der Förster steht ▢ der Hütte.

Tim steht ▢ der Hütte.

Rani sitzt ▢ dem Ast.

Imo läuft ▢ dem Bach.

Malik steht ▢ den beiden Tannen.

Koki lehnt sich ▢ den Holzstapel.

Milan und Hanna verstecken sich ▢ dem Baum.

Heft 1, S. 40 ②
Lisa rennt <u>in</u> den Wald.
...

zwischen	in
zu	neben
unter	an
hinter	vor

③ Findet heraus, in welchen Sätzen aus ② sich Präposition und Artikel verschmelzen lassen.

Lernportion 5: Wortartenbestimmung

D 9

Die Wörter **oder**, **und**, **entweder** … **oder** …, **sowohl** … **als auch** … und **weder** … **noch** … sind **Konjunktionen** (Bindewörter).

Mit ihnen kann ich Wörter oder Wortgruppen miteinander verbinden.

Herr Kuzu: Möchtet ihr Erdbeereis **oder** Blaubeereis?

Lea: Ich will Erdbeereis **und** Blaubeereis.

Emil: Ich mag **sowohl** Erdbeereis **als auch** Blaubeereis.

Bente: Ich mag **weder** Erdbeereis **noch** Blaubeereis.

Ich nehme **entweder** Vanilleeis **oder** Schokoeis.

Bei längeren Aufzählungen kann ich **und** durch ein **Komma** ersetzen.

Es gibt Blaubeereis, Erdbeereis, Kiwieis, Vanilleeis **und** Schokoeis.

1. Ergänzt die Aussagen der Kinder und spielt die Szene nach.

2. Überlegt, welche Sportarten oder Obstsorten ihr mögt. Schreibt und spielt dazu eigene kurze Dialoge. Verwendet Konjunktionen.

Mit **Konjunktionen** wie als, bevor, damit, dass, nachdem, obwohl, während, weil, wenn kann ich **zwei Sätze** miteinander **verbinden**.
Der zweite Satz muss dabei umgestellt werden.
Vor der Konjunktion steht ein **Komma**.
Tim packt ein Buch ein. Er liest gern. Tim packt ein Buch ein, **weil** er gern liest.

① Verbinde die beiden Sätze mit der Konjunktion. Schreibe sie auf.

Heft 1, S. 42 ①
Tim und Mama packen zu essen
und zu trinken ein, weil …
…

| weil |

Tim und Mama packen zu essen und zu trinken ein.
Die Fahrt dauert fünf Stunden.

| obwohl |

Imo wedelt freudig mit dem Schwanz.
Er fährt nicht gern mit dem Auto.

| während |

Oma träumt schon vom Strand.
Sie blättert im Urlaubsprospekt.

② Entscheide, welche Konjunktion passt.
Schreibe die Sätze auf.
Untersteiche die Konjunktion.
Denke an das Komma.

Heft 1, S. 42 ②
Ich esse immer zwei Pausenbrote, obwohl …
…

| Ich esse immer zwei Pausenbrote, |

| damit |

| die Pause dann zum Spielen viel zu kurz ist. |

| Ich gehe früh ins Bett, |

| bevor |

| ich in der Schule nicht müde bin. |

| Ich putze meine Zähne, |

| obwohl |

| ich schlafen gehe. |

Was jemand in einer Geschichte **spricht**, nennt man **wörtliche Rede**.
Vor der wörtlichen Rede stehen **Anführungszeichen unten**,
danach **Anführungszeichen oben**.
Ein **Begleitsatz** gibt an, wer spricht.
Nach dem Redebegleitsatz steht ein **Doppelpunkt**:
Der Löwe brüllt: „Ich bin der König der Tiere.“

① Schreibe die Sätze ab. Setze die fehlenden Zeichen ein.
Markiere den Doppelpunkt und die Anführungszeichen
in verschiedenen Farben.

Heft 1, S. 43 ①
Der Affe ruft:
„Ich will Bananen!“
...

Der Affe ruft   Ich will Bananen!

Das Känguru fragt   Wo ist mein Baby?

Der Tausendfüßler überlegt   Wo sind meine Schuhe?

Das Ferkel sagt   Ich suhle mich am liebsten im Schlamm.

② Lies die Sprechblasen der Tiere. Schreibe die Sätze als
wörtliche Rede mit Begleitsätzen wie im Beispiel auf.
Nutze dazu passende Verben aus dem Kasten.

Heft 1, S. 43 ②
Der Delfin verkündet:
„Ich bin ein guter
Schwimmer.“
...

verkünden ✴ rufen ✴ sprechen ✴ meinen ✴ trösten ✴
seufzen ✴ antworten ✴ erwidern ✴ bedauern

> Der **Begleitsatz** kann auch **nach der wörtlichen Rede** stehen.
> Dann setze ich die Satzzeichen so:
> „Suchst du nach vergrabenen Schätzen?", fragt Hobbes.
> „Ich suche nach vergrabenen Schätzen!", ruft Calvin.
> „Ich suche nach vergrabenen Schätzen", sagt Calvin.

① Lies den Comic.
Schreibe das Gespräch
von Calvin und Hobbes
wie im Beispiel auf.
Die Begleitsätze sollen hinten stehen.

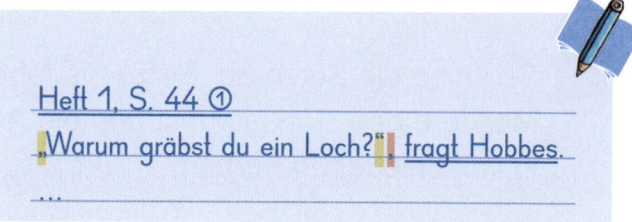

Heft 1, S. 44 ①
„Warum gräbst du ein Loch?", fragt Hobbes.
...

② Lest eure Texte aus ① mit verteilten Rollen. Findet einen Erzähler oder
eine Erzählerin und Kinder für die Instrumente, die die Satzzeichen vertonen.

den Doppelpunkt  2x   den Punkt  1 Schlag

die Anführungszeichen  2x   das Ausrufezeichen

das Komma  1 Schlag   das Fragezeichen

Plenum: Texte mit verteilten Rollen, Instrumente und Erzähler präsentieren,
sich gegenseitig wertschätzende Rückmeldungen geben
MK-Tipp: Texte mit verteilten Rollen und Instrumenten vortragen und aufnehmen

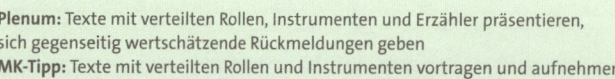

AH 44

① Lies den Text.

Möhren esse ich nicht!

1 Pia schaut auf den Tisch. „Und was machen dann diese
Möhren hier? Ich esse doch keine Möhren."
Und ich sage: „Oh, glaubst du, das wären Möhren?
Das sind doch keine Möhren. Das sind orangefarbene
5 Lakritzstangen vom Jupiter."
„Die sehen aber wie Möhren aus", sagt Pia.
„Wie können das Möhren sein", sage ich.
„Auf dem Jupiter wachsen überhaupt keine Möhren."
„Das stimmt", sagt Pia. „Na gut, vielleicht probiere ich eine,
10 wenn sie den weiten Weg vom Jupiter kommen.
Mmmh, nicht schlecht", sagt sie und beißt noch mal ab. ◇

Lauren Child

Die Begleitsätze
werden beim Vortragen
weggelassen.

 ② Lest den Dialog aus ①
mit verteilten Rollen.

③ Überlege, wie du Pia überreden könntest,
Kürbissuppe, Bohnen oder Spinat zu essen.
Schreibe den Dialog mit Begleitsätzen auf.

Heft 1, S. 45 ③
Pia sagt: „Ich esse doch ...

 ④ Suche dir ein Partnerkind. Lest den Dialog aus ③ mit verteilten Rollen.

Bei Aufzählungen mit Wortgruppen
musst du nach jeder Wortgruppe ein Komma setzen.
Eine Wortgruppe besteht aus mindestens zwei
Wörtern, die zusammengehören.

 ① Schreibe einen der beiden Sätze ab.
Setze dabei in der Aufzählung
an den richtigen Stellen ein Komma.

Heft 1, S. 46 ①

...

> An einem sonnigen Wochenende spiele ich draußen fahre Skateboard gehe Fußball spielen oder verbringe den Tag im Freibad.

> An einem verregneten Wochenende spiele ich mit meiner Ritterburg lese Abenteuerbücher male mit Wasserfarben und räume mein Zimmer auf.

 ②

Was sind deine Lieblingsbeschäftigungen?

Meine Lieblingsbeschäftigungen sind …

Rad fahren,
ein Buch lesen,
Karten spielen,
Kekse essen,
Kuchen backen,
mit dem Hund
spazieren gehen,
Musik hören,
am Computer spielen,
Hip-Hop tanzen,
mit meinen Freunden
spielen, auf den
Spielplatz gehen …

③ Schreibe eine ausführliche Aufzählung
deiner Lieblingsbeschäftigungen.
Du kannst auch die Liste aus ② verwenden.

Heft 1, S. 46 ③
Meine Lieblingsbeschäftigungen
sind …

Lernportion 6: Sätze

Die **Umstellprobe** hilft mir,
die Satzglieder eines Satzes zu erkennen.
Alle Wörter, die beim Umstellen zusammenbleiben, bilden ein Satzglied.

Ritter | bauen | ihre Burgen | gern | auf Bergen | .
Gern | bauen | Ritter | ihre Burgen | auf Bergen | .
Auf Bergen | bauen | Ritter | gern | ihre Burgen | .
Bauen | Ritter | ihre Burgen | gern | auf Bergen | ?

 ① Stellt die Satzglieder um. Bildet so viele Sätze wie möglich.

| Der Burggraben | schützt | die Burg | vor Feinden | . |

| In der Burg | leben | der Burgherr und seine Familie | . |

| Auf einer Burg | arbeiten | viele Menschen | . |

 ② Trennt die Satzglieder dieser Sätze
mit Hilfe der Umstellprobe.
Schreibt wie im Beispiel.

Heft 1, S. 47 ②
Das Burgfräulein | hilft | der Burgherrin.
...

Das Burgfräulein hilft der Burgherrin.

Knappen wissen alles über die Pferde.

Der Hufschmied beschlägt das Pferd mit passenden Hufeisen.

Die Magd und der Knecht arbeiten in der Küche und auf dem Feld.

③ Findet Informationen zum Leben
auf der Burg. Bildet Sätze wie in ①
und stellt sie um.

Heft 1, S. 47 ③
...

Lernportion 7: Satzglieder

MK: im Internet mit Hilfe einer Kindersuchmaschine zum Burgleben recherchieren und Sätze dazu bilden

So bastle und verwende ich einen Satzfächer

1. Ich finde mit Hilfe der Umstellprobe alle Satzglieder.
2. Ich übertrage jedes Satzglied auf einen Papierstreifen.
3. Ich verbinde diese Papierstreifen zu einem Fächer.
4. Ich verschiebe die Satzglieder mehrmals und finde weitere Sätze.

(1) Bastle fünf verschiedene Satzfächer mit den fünf Sätzen.

Am Abend servieren die Köche den Gästen im Speisesaal das Essen.

Am Morgen liefern die Bauern der Burgherrin Birnen und Äpfel.

Im Stall geben die Knappen den Pferden Wasser und Futter.

Tagsüber kommen viele Menschen durch das Burgtor.

Nachmittags schnitzen die Kinder im Burghof Holzschwerter.

(2) Bildet zu jedem Satzfächer verschiedene Sätze.
Lest sie euch gegenseitig vor.
Schreibt zu einem Fächer alle möglichen Sätze auf.

Heft 1, S. 48 ②

...

(3) Stelle einen eigenen Satzfächer mit möglichst vielen Satzgliedern her.
Tausche deinen Satzfächer mit einem Partnerkind und bilde verschiedene Sätze.

Lernportion 7: Satzglieder

Plenum: Satzfächer in einer Satzfächerausstellung präsentieren

Der Ritter reitet.
Ich frage nach dem **Subjekt**: **Wer** oder **was** reitet?   der Ritter
Ich frage nach dem **Prädikat**: **Was** tut der Ritter?   Er reitet.

① Frage in den Sätzen
nach dem Subjekt.
Schreibe die Fragen und
die Antworten auf.
Unterstreiche die Antwort.

Heft 1, S. 49 ①
Wer oder was trägt Kleidung aus Leinen und Wolle?
die Ritter
...

Die Ritter tragen Kleidung aus Leinen und Wolle.

Aufgeregt reiten die Ritter zum Turnier.

Die Knappen versorgen die Pferde.

Der Burgherr eröffnet das Ritterspiel.

Zuerst spielen die Trompeter.

Das Burgfräulein gratuliert dem Gewinner.

② Frage in den Sätzen nach dem Prädikat.
Schreibe die Fragen und
eine kurze Antwort auf.
Unterstreiche in der Antwort
das Prädikat.

Heft 1, S. 49 ②
Was tun die Ritter?
Sie tragen Kleidung.
...

③ Finde auf deinen Satzfächern von Seite 48
die Subjekte und Prädikate.
Schreibe auf die Rückseiten
die passenden Fragen und
Subjekt oder Prädikat.

Das **Prädikat** kann auch **aus zwei Teilen** bestehen:
Die Mägde <u>reiben</u> das Fleisch mit Gewürzen <u>ein</u>.

① Stelle in jedem Satz die Frage nach
dem Prädikat.
Schreibe die Fragen und Antworten auf.
Unterstreiche die zweiteiligen Prädikate.

Heft 1, S. 50 ①
Was tun die Mägde?
Sie <u>reiben</u> das Fleisch mit Gewürzen <u>ein</u>.
...

Die Mägde reiben das Fleisch mit Gewürzen ein.

Der Koch rührt die Gemüsesuppe um.

Der Küchenjunge sammelt Scherben auf.

Die Küchenmädchen räumen das Geschirr auf.

② Schreibe mit den Wörtern in den Steinen
sinnvolle Sätze auf.
Unterstreiche immer das
zweiteilige Prädikat.

Heft 1, S. 50 ②
Der Küchenjunge <u>wärmt</u> die Suppe <u>auf</u>.
...

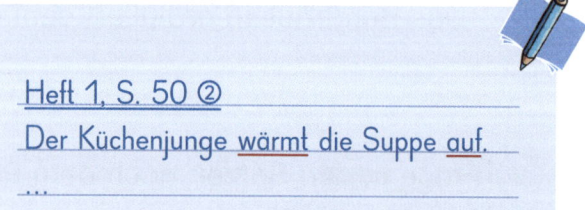

Küchenjunge				Schinken
Koch	wegräumen	aufwärmen	anrichten	Suppe
Magd	abschmecken	auffüllen	durchschneiden	Gemüsekorb

③ Stelle zu einem Satz aus ① oder ② einen weiteren Satzfächer her.
Beschrifte ihn, wie auf Seite 49 beschrieben.

In einem Satz gibt es neben Subjekt und Prädikat noch weitere Satzglieder. Diese heißen **Satzergänzungen**.
Das **Akkusativobjekt** (Wen-oder-was-Ergänzung) ist auch ein Satzglied.
So frage ich danach: **Wen** oder **was?** Die Bauern versorgen die Tiere.
Wen oder **was** versorgen die Bauern?   die Tiere

① Stelle zu jedem Satz die Wen-oder-Was-Frage.
Schreibe die Fragen und Antworten auf.

Heft 1, S. 51 ①
Wen oder was sammeln die Kinder?
Pilze und Beeren.
...

Die Kinder sammeln Pilze und Beeren.

Die Knappen jagen Wildschweine.

Die Frauen aus dem Dorf pflücken Kräuter und Gräser.

② Bilde mit den Mauersteinen sinnvolle Sätze.
Unterstreiche das Akkusativobjekt.

Heft 1, S. 51 ②
Die Kinder sammeln Holz.
...

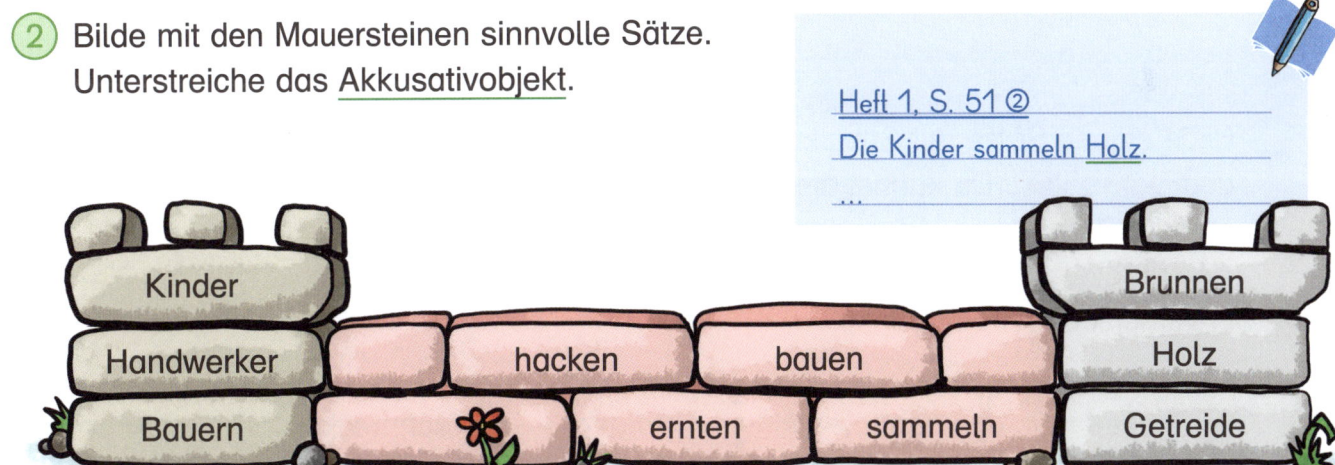

Kinder | Handwerker | Bauern | hacken | bauen | ernten | sammeln | Brunnen | Holz | Getreide

③ Finde auf deinen Satzfächern von Seite 48 und 50 die Akkusativobjekte.
Schreibe auf die Rückseite die passenden Fragen und Akkusativobjekt.

> Das **Dativobjekt** (Wem-Ergänzung) ist auch ein Satzglied.
> So frage ich danach: **Wem?**
> Die Händler verkaufen dem Koch ihre Waren.
> **Wem** verkaufen die Händler ihre Waren?   dem Koch

1 Stelle die Fragen nach dem Dativobjekt.
Schreibe die Fragen und kurze Antworten auf.

Heft 1, S. 52 ①
Wem liefern die Bauern Obst?
dem Burgherrn
...

Die Bauern liefern dem Burgherrn Obst.

Das Burgfräulein erklärt den Händlern den Weg.

Der Stallmeister bringt dem Ritter neue Pferde.

Der Wächter öffnet den Dorfbewohnern das Burgtor.

2 Bilde eigene Sätze mit Subjekt, Prädikat
und Dativobjekt. Du kannst die Prädikate
aus der Burgmauer verwenden.
Unterstreiche die Satzglieder
in verschiedenen Farben.

Heft 1, S. 52 ②
Die Mägde helfen den Köchen.
...

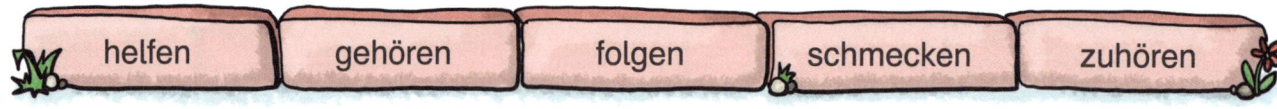

helfen   gehören   folgen   schmecken   zuhören

3 Finde auf deinen Satzfächern von Seite 48
die Dativobjekte.
Schreibe auf die Rückseite
die passenden Fragen und
Dativobjekt.

backe	den Kindern
ich	einen Kuchen

Wie setze ich
den Satz zusammen?
Ich backe den Kindern
einen Kuchen.
Oder:
Den Kindern backe ich
einen Kuchen.
Oder …?

① Bilde aus den Satzgliedern Subjekt, Prädikat,
Akkusativobjekt und Dativobjekt Sätze.
Probiere jeweils mehrere Möglichkeiten aus.
Schreibe einen Satz auf.
Unterstreiche die Satzglieder in den passenden Farben.

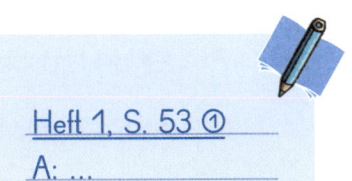

Heft 1, S. 53 ①
A: …

A   die Magd   näht   der Burgherrin   ein warmes Kleid

B   ihren Freundinnen   das Burgfräulein   lange Briefe   schreibt

C   den Weg   dem jungen Ritter   erklärt   ein Knappe

D   bringt   gute Nachrichten   ein Bote   den Dorfbewohnern

E   das Salz   reicht   dem Koch   der Küchenjunge

② Lest euch eure Sätze aus ① gegenseitig vor und vergleicht sie.
Besprecht, an welcher Stelle das Prädikat steht.

③ Schreibe eigene Sätze mit Akkusativobjekt
und Dativobjekt.
Unterstreiche die einzelnen Satzglieder.
Du kannst die Verben im Kasten nutzen.

Heft 1, S. 53 ③
…

schenken ✳ schicken ✳ schreiben ✳ kochen ✳ kaufen

① Entscheidet, ob das unterstrichene Satzglied
ein Akkusativobjekt oder ein Dativobjekt ist.
Stellt dazu die passenden Fragen.

A   Tim sucht in einem Ritterbuch <u>Informationen</u>.

B   Er erforscht <u>das Leben auf der Burg</u>.

C   <u>Seiner Freundin Lisa</u> zeigt er sein Plakat.

D   Zusammen gestalten sie <u>die Überschrift</u>.

E   Herr Kuzu hat <u>viele Aufgaben</u> vorbereitet.

F   Er erklärt <u>den Kindern</u> die Projektarbeit.

G   Alle Kinder brauchen <u>große Papierbögen</u>.

H   Eine Gruppe übt <u>ihre Präsentation</u> in der Aula.

I   Koki hilft <u>Lea</u> beim Verkleiden als Burgfräulein.

J   Zum Schluss feiern alle <u>ein großes Ritterfest</u>.

 ② Stellt zu den Sätzen die Wen-oder-was-Frage
und die Wem-Frage. Schreibt die Sätze ab.
Unterstreicht die Objekte in
den passenden Farben.

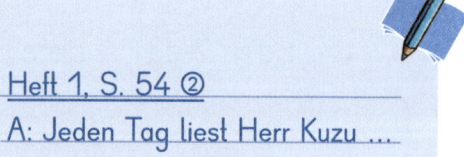

Heft 1, S. 54 ②
A: Jeden Tag liest Herr Kuzu ...

A   Jeden Tag liest Herr Kuzu den Kindern ein spannendes Ritterbuch vor.

B   Frau Sommer bringt den Kindern Bastelmaterial mit.

C   Eine Gruppe stellt ihre selbst gebaute Ritterburg der Klasse vor.

D   Die Eltern spenden allen Gruppen viel Beifall.

 ③ Schreibe selbst mehrere Sätze mit
beiden Objekten.
Lass ein Partnerkind deine Objekte
bestimmen.

Heft 1, S. 54 ③
...

 ① Bestimmt in den Sätzen, in welchen Fällen die unterstrichenen Nominalgruppen stehen. Stellt dazu die passenden Fragen.

Nominalgruppen können als Satzglieder das Subjekt, ein Akkusativobjekt oder ein Dativobjekt sein.

Vor den Ferien plant die Klasse 4a einen großen Ausflug.

Eine freundliche Busfahrerin erwartet sie vor der Schule.

Die fröhliche Frau Sommer erklärt den aufgeregten Kindern den Tagesplan.

Im Burghof versammeln sich die zahlreichen Besucher.

Alle bestaunen die riesige, alte, großartige Burganlage.

Miteinander erkunden die Kinder den geheimnisvollen Burgturm.

② Schreibe die Sätze aus ① auf. Unterstreiche dann Subjekte blau, Akkusativobjekte grün und Dativobjekte gelb.

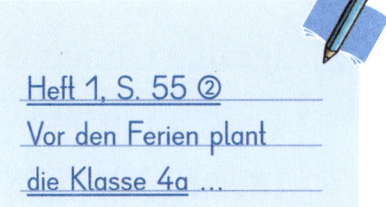

Heft 1, S. 55 ②
Vor den Ferien plant
die Klasse 4a ...

③ Schreibe die Sätze ab und markiere die Nominalgruppen. Unterstreiche wie in ②.

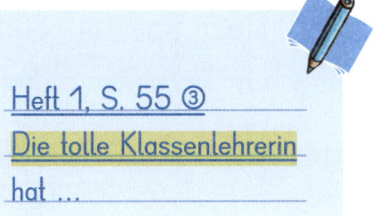

Heft 1, S. 55 ③
Die tolle Klassenlehrerin
hat ...

Die tolle Klassenlehrerin hat eine abwechslungsreiche Kinderführung gebucht.

Gespannt hört die Klasse dem lustigen Museumsmitarbeiter zu.

Er erzählt den aufmerksamen Kindern die alten Geschichten.

Eine geduldige Busfahrerin holt die müden Kinder ab.

④ Schreibe eigene Sätze mit Nominalgruppen als Subjekt und Akkusativobjekt oder Dativobjekt. Unterstreiche in den passenden Farben.

Heft 1, S. 55 ④
...

Lernportion 7: Satzglieder

1 Lies den Text. Frage in jedem Satz nach
dem fett gedruckten Satzglied.
Schreibe jeweils die Frage und die Antwort auf.
Bestimme das Satzglied.
Unterstreiche es in der passenden Farbe.

Heft 1, S. 56 ①
Wem gehörte Bibernell?
Igraines Familie
Was ...

– Die Frage nach dem <u>Subjekt</u>: **Wer** oder **was?**

– Die Frage nach dem <u>Prädikat</u>: **Was tut** jemand? oder **Was geschieht?**

– Die Frage nach dem <u>Akkusativobjekt</u>: **Wen** oder **was?**

– Die Frage nach dem <u>Dativobjekt</u>: **Wem?**

Igraine Ohnefurcht

1 Seit mehr als dreihundert Jahren gehörte Bibernell **Igraines Familie**.
Die Burg war nicht groß. Aber für Igraine war es die schönste
Burg der Welt. Das Burgtor **bewachten** zwei Steinlöwen.
Hoch oben auf einem Mauersims hockten sie. Wenn sich
5 **ein Fremder** näherte, fletschten sie **die steinernen Zähne**.
Die Löwen waren nicht die einzigen Wächter auf Bibernell.
Von den Mauern blickten steinerne Fratzen herab,
die **jedem Fremden** fürchterliche Grimassen schnitten.
Ihre breiten Münder konnten **Kanonenkugeln** schlucken.
10 Brandpfeile zerknackten sie, als gäbe es nichts Schmackhafteres auf der Welt.
Zum Glück jedoch hatten **die Steinfratzen** schon lange keine Pfeile oder
Kanonenkugeln mehr zwischen die Zähne bekommen.
Bibernell war seit vielen Jahren nicht mehr angegriffen worden. Früher war es
weniger friedlich zugegangen, denn Igraines Familie besaß **Zauberbücher**.
15 **Raubritter, Herzöge, Barone, ja sogar zwei Könige** hatten Bibernell überfallen.
Doch **sie alle** waren erfolglos wieder davongezogen. ◇

Cornelia Funke

> Die **Ergänzung des Ortes** ist auch ein Satzglied.
> Ich frage danach: **Wo?**, **Wohin?** oder **Woher?**
> Kunibert schläft im Stall.
> **Wo** schläft Kunibert?   im Stall

① Stellt euch gegenseitig
Wo- und Wohin-Fragen
zur Bestimmung des Ortes.

Wo sitzt Kunibert?

im Waschzuber

klettert
schleicht
sitzt
schwimmt
steht
blickt
…

im Burggraben
aus dem Verlies
im Burghof
im Waschzuber
auf sein Land
neben dem Kamin
…

② Denke dir aus, was Kunibert in der Burg
und außerhalb der Burg erlebt.
Schreibe es auf. Unterstreiche
die Ergänzungen des Ortes.

Heft 1, S. 57 ②
Kunibert klettert in den Burggraben,
schläft in …

③ Finde auf deinen Satzfächern von Seite 48
die Ergänzungen des Ortes.
Schreibe auf die Rückseite
die passenden Fragen und
Ergänzung des Ortes.

Lernportion 7: Satzglieder

> Die **Ergänzung der Zeit** ist auch ein Satzglied.
> Ich frage danach: **Wann?**, **Wie oft?** oder **Wie lange?**
> Kunigunde hat mittwochs nach der Burgenruhe Fallenbauen.
> **Wann** hat Kunigunde Fallenbauen?   mittwochs nach der Burgenruhe

① Stellt euch gegenseitig Fragen zu Kunigundes Stundenplan.

	Mo.	Di.	Mi.	Do.	Fr.
8–10 Uhr	Im Sommer: Jagen Im Winter: Pferdepflege	Im Sommer: Reiten Im Winter: Pferdepflege	Im Sommer: Reiten Im Winter: Feuermachen	Im Sommer: Jagen Im Winter: Freizeit	Im Sommer: Reiten Im Winter: Pferdepflege
10–12 Uhr	Nähen und Stricken		Wappenkunde	Nähen und Stricken	Feuermachen
12 Uhr	Mittagessen um 12 Uhr				
Burgenruhe bis 14 Uhr					
14–16 Uhr	Fährtenlesen	Schnitzen	Fallenbauen	Heilpflanzenkunde	Freizeit
16–18 Uhr	Schnitzen	Im Winter: Musizieren und Singen Im Sommer: Freizeit		Im Winter: Musizieren und Singen Im Sommer: Freizeit	

Wie oft hat Kunigunde Reiten?

Im Sommer dreimal in der Woche.

② Schreibe mindestens sechs Fragen
mit den passenden Antwortsätzen auf.
Unterstreiche in der Frage das Fragewort
und im Antwortsatz die Ergänzung der Zeit.

Heft 1, S. 58 ②
Wann hat Kunigunde Schnitzen?
Montags und dienstags hat Kunigunde
Schnitzen.

③ Finde auf deinen Satzfächern von Seite 48
die Ergänzungen der Zeit.
Schreibe auf die Rückseite
die passenden Fragen und
Ergänzung der Zeit.

Lernportion 7: Satzglieder

Redewendungen zu benutzen heißt in Bildern zu sprechen.
Viele Bilder sind schon älter und damit schwierig für uns zu verstehen.
Manchmal muss ich Redensarten erst übersetzen, um sie zu verstehen.

① Ordne den Redewendungen
die passenden Bedeutungen zu.

Heft 1, S. 59 ①
1 = B, ...

| 1 | Lisa hält ein Referat und weiß nicht mehr weiter. |

| A | Sie stellt das ganze Haus auf den Kopf. |

| 2 | Lisa muss unbedingt schnell erzählen, was sie in der Schule erlebt hat. |

| B | Sie hat den Faden verloren. |

| 3 | Lisa muss dringend etwas finden. |

| C | Für Lisa hängt der Himmel voller Geigen. |

| 4 | Lisa kann nicht abwarten, bis Tim ausgesprochen hat. Sie unterbricht ihn. |

| D | Sie fällt mit der Tür ins Haus. |

| 5 | Lisa möchte ihren Bruder austricksen. Sie erzählt ihm eine Geschichte, die nicht stimmt. |

| E | Sie schneidet ihm das Wort ab. |

| 6 | Lisa freut sich sehr über ein Geschenk. Sie hat es sich schon so lange gewünscht. |

| F | Sie bindet ihm einen Bären auf. |

② Suche dir eine Redewendung aus ① aus.
Male dazu ein Bild.

 ① In jede Redewendung hat sich
ein falsches Tier eingeschlichen.
Schreibt alle Sprichwörter
mit den richtigen Tieren auf.

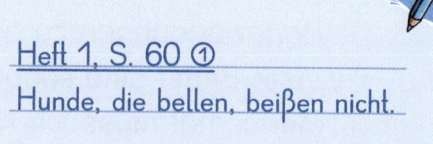

Heft 1, S. 60 ①
Hunde, die bellen, beißen nicht.
...

Heuler, die bellen, beißen nicht.   zwei **Bienen** mit einer Klappe schlagen

Ist die Katze aus dem Haus, tanzen die **Hunde** auf dem Tisch.

Hase haben   besser den **Wurm** in der Hand als die Taube auf dem Dach

sich wie ein **Affe** im Porzellanladen benehmen

die **Schlange** im Sack kaufen   jemandem einen **Wolf** aufbinden

 ② Gestalte ein Rätsel.

– Wähle eine Redewendung.
– Nimm dir ein weißes Blatt Papier,
  knicke oben und unten einen Streifen um.
– Knicke die Streifen wieder zurück.
– Schreibe auf den oberen Streifen
  die Redewendung und auf
  den unteren Streifen die Bedeutung.
– Jetzt knickst du die Streifen wieder
  nach hinten und malst auf
  die Vorderseite ein passendes Bild
  zu deiner Redewendung.
– Zeige einem anderen Kind das Bild.
– Lass es die Redewendung erraten.

Schwein haben

1 Seht euch das Bild an und lest den Text.
Beschreibt, was euch auffällt.

Wazn teez?

Mi mori an Plumpse.

Wazn fümma Plumpse?

Mi nanüt.

◇ *Carson Ellis*

2 Vergleicht die Sprache der Insekten mit Sprachen, die ihr kennt.
Findet Gemeinsamkeiten.

Wazn klingt wie **was**.

Mir fällt auf, dass …

…

 3 Notiert eine mögliche Übersetzung
für das Gespräch der Insekten aus ①.

Heft 1, S. 61 ③

Insektensprache	Übersetzung
Wazn teez	…

 4 Vergleicht eure Übersetzungen.
Besprecht Gemeinsamkeiten und Unterschiede.

Lernportion 8: Entdeckungen bei Sprache und Schrift

1 Besprecht, wie ihr euch von den Personen verabschieden würdet.
Ihr könnt die Sprechblasen nutzen.
Begründet eure Wahl.

A von Freunden

B von einer Lehrerin

C von Mama oder Papa

D von einem Bürgermeister

Tschüss!

Auf Wiedersehen!

Bis bald!

Machs gut!

2 Ordne den Sprachen die passenden
Verabschiedungen zu.

Norwegisch

Japanisch

Hawaiianisch

Englisch

Türkisch

Heft 1, S. 62 ②+③
Norwegisch – Ha det!
...

Güle güle!

Sayonara!

Ha det!

Bye bye!

Aloha!

 3 Findet weitere Verabschiedungen in anderen Sprachen.
Ergänzt eure Liste aus ②.

 4 Übt, die Verabschiedungen
in den verschiedenen Sprachen
zu sprechen.

Ha det!

Das ist
Norwegisch.

Lernportion 8: Entdeckungen bei Sprache und Schrift

62

MK: Verabschiedungen in anderen Sprachen mit Hilfe einer Kindersuchmaschine im Internet recherchieren
MK-Tipp: die Aussprache verschiedener Verabschiedungen in anderen Sprachen anhören

① Lest die beiden Dialoge.

In Mathe war ich heute so lost.

Same! Ich hoffe, das kommt nicht in der Klassenarbeit dran.

Mein Bruder ist gestern mit Schokoflecken auf der Hose in die Schule gekommen. Voll cringe!

Haha! Sonst find ich ihn aber echt lit! Er kennt immer die besten Sprüche.

 ② Besprecht, was die Kinder in ① meinen.
Schreibt wie im Beispiel.
Ihr könnt die Wortkarten nutzen.

findet peinlich | hat nicht verstanden

findet toll | geht es genauso

Heft 1, S. 63 ②
Koki hat Mathe heute nicht verstanden.
Rani ...

③ Findet heraus, aus welcher Sprache die grünen Wörter aus ① stammen.

④ Ordnet den Wörtern aus ①
ihre passende Übersetzung zu.
Schreibt wie im Beispiel.

angezündet | verloren

dasselbe | zusammenzucken

Heft 1, S. 63 ④
lost – verloren
same – ...

⑤ Besprecht, ob die Übersetzungen der Wörter aus ③
zu ihrer Bedeutung aus ② passen.

Lernportion 8: Entdeckungen bei Sprache und Schrift

MK-Tipp: aktuelle Wörter aus der Jugendsprache mit Hilfe einer Kindersuchmaschine im Internet recherchieren
Plenum: sich über den Einsatzbereich von Jugendsprache austauschen

D 12   63

Themenheft 1
Sprachgebrauch und Sprache untersuchen und reflektieren

Herausgegeben von: Roland Bauer, Jutta Maurach

Erarbeitet von: Annette Schumpp, Jutta Sorg
in Zusammenarbeit mit der Redaktion Grundschule Deutsch 2–4

Begutachtung: Katrin Bertram (Brandenburg), Astrid Dittberner (Niedersachsen), Claudia Hoeschen (Schleswig-Holstein), Martin Leeb (Schleswig-Holstein), Alexandra Mangold (Baden-Württemberg), Yannick Rösch (Schleswig-Holstein), Simone Schick (Nordrhein-Westfalen)

Redaktion: Kristina Fischer, Sabine Gerber, Milena Lemke, Martina Schramm

Illustration: Yo Rühmer, Frankfurt am Main

Umschlag: Cornelia Gründer, Corngreen GmbH, Leipzig (Gestaltung);
Yo Rühmer, Frankfurt am Main (Illustration)

Layout und technische Umsetzung: lernsatz.de

wwww.cornelsen.de

1. Auflage, 1. Druck 2024

Alle Drucke dieser Auflage sind inhaltlich unverändert
und können im Unterricht nebeneinander verwendet werden.

© 2024 Cornelsen Verlag GmbH, Berlin

Druck: ppm Fulda GmbH & Co. KG, Fulda

ISBN 978-3-464-80348-6 (Themenheft 1, Leihmaterial)